A PSICOLOGIA DAS DIETAS

Blucher

Jane Ogden

A PSICOLOGIA DAS DIETAS

Tradução

Sonia Augusto

Título original: The Psychology of Dieting
A psicologia das dietas

Publisher Edgard Blücher
Editor Eduardo Blücher
Coordenação editorial Jonatas Eliakim
Produção editorial Luana Negraes
Preparação de texto Bárbara Waida
Diagramação Negrito Produção Editorial
Revisão de texto Bonie Santos
Capa Leandro Cunha

Blucher

Rua Pedroso Alvarenga, 1245, 4º andar
04531-934 – São Paulo – SP – Brasil
Tel.: 55 11 3078-5366
contato@blucher.com.br
www.blucher.com.br

Segundo o Novo Acordo Ortográfico, conforme 5. ed. do *Vocabulário Ortográfico da Língua Portuguesa*, Academia Brasileira de Letras, março de 2009.

Dados Internacionais de Catalogação na Publicação (CIP)
Angélica Ilacqua CRB-8/7057

Ogden, Jane
A psicologia das dietas / Jane Ogden ; tradução de Sonia Augusto. – São Paulo : Blucher, 2022.
140 p. (A Psicologia de Tudo)

Bibliografia
ISBN 978-65-5506-495-7 (impresso)
ISBN 978-65-5506-496-4 (eletrônico)

1. Dietas – Aspectos psicológicos. 2. Perda de peso – Aspectos psicológicos. 3. Distúrbios alimentares. 4. Emagrecimento. 5. Obesidade. I. Título. II. Ogden, Jane.

22-2015 CDD 613.25

Índice para catálogo sistemático:
1. Dietas – Aspectos psicológicos

CONTEÚDO

PREFÁCIO

OBJETIVO DESTE LIVRO

Existem inúmeros livros sobre dietas no mercado. A grande maioria são livros de dietas que se caracterizam por uma mensagem simples e clara voltada para as pessoas que querem perder peso, mas que não está baseada em nenhuma evidência. Eles fazem perder peso parecer fácil, exageram enormemente a probabilidade de manter a perda de peso e, como resultado, vendem feito água! Existem também livros mais equilibrados que exploram as complexidades do comportamento alimentar, da perda de peso, dos distúrbios alimentares e da obesidade, mas esses geralmente são volumes editados para profissionais de saúde ou livros autorais (como o meu próprio *The Psychology of Eating*), que têm muitas referências acadêmicas e são voltados para estudantes que procuram suporte acadêmico para suas pesquisas. *A psicologia das dietas* tem o objetivo de apresentar um relato acessível e conciso dos problemas que circundam as dietas, que seja fácil de ler, mas ainda assim esteja baseado em evidências. Ele explora a história das dietas, o motivo pelo qual as pessoas fazem dietas, as consequências positivas e negativas das dietas e os motivos pelos quais as dietas têm sucesso ou fracassam. Depois, explora possíveis estratégias de mudança de comportamento e ilustra como elas podem ser usadas para maximizar o sucesso da dieta ao incentivá-la de uma maneira que possa persistir no longo prazo. *A psicologia das dietas* não tem uma pílula mágica para o sucesso da perda de peso (desculpe!). Mas ele oferece uma série de estratégias e sugestões baseadas em evidências para tentar (e tentar de novo) que devem maximizar a chance de sucesso no final. Existe a frase: "Você não pode agradar todas as pessoas o tempo todo". Acredito que nenhuma abordagem às dietas pode funcionar para todas as pessoas o tempo todo. Mas espero que em *A psicologia das dietas* haja abordagens possíveis suficientes para que a maioria das pessoas encontre alguma coisa (ou muitas coisas) que funcione para aqueles que desejam ajudar.

A QUEM SE DESTINA?

A psicologia das dietas se destina a qualquer pessoa que precise perder peso e não queira recuperá-lo, mas que esteja interessada em se informar melhor e ciente de que fazer dieta não é tão fácil como algumas vezes querem nos fazer crer. Também é para aqueles que desejam ajudar outras pessoas a perder peso, como líderes de programas de emagrecimento, dietistas, nutricionistas, orientadores, psicólogos, enfermeiros, *personal trainers*, parceiros ou pais e para aqueles que querem entender as razões pelas quais as dietas têm ou não sucesso e saber como incentivar os outros a perder peso de uma maneira que possa ser sustentada no futuro.

QUEM É A AUTORA?

Sou professora de Psicologia da Saúde na Universidade de Surrey, onde ensino alunos de Psicologia, Dieta, Nutrição e Veterinária sobre a psicologia da saúde em geral e especificamente sobre o papel dos fatores psicológicos no comportamento alimentar e no gerenciamento de peso. Sou autora de seis livros, três deles sobre comportamento alimentar: *Fat Chance: The Myth of Dieting*, *The Psychology of Eating* e *The Good Parenting Food Guide*. Também publiquei mais de 180 artigos em periódicos acadêmicos, dos quais cerca de cem tratam de aspectos de dietas, obesidade e transtornos alimentares. Sou apaixonada por levar a pesquisa e a teoria para o público geral e contribuo regularmente para o rádio e a TV; tenho uma coluna chamada "Food Fights" no site *The Conversation* e escrevo artigos para jornais e revistas.

COMO LER ESTE LIVRO

Obviamente, não posso ditar como os leitores vão usar este livro! Mas o entreguei para ser lido por profissionais de saúde e dietistas, e todos comentaram como gostaram do modo como ele se desenrola e conta uma história. Esse era meu objetivo! Assim, recomendo enfaticamente que você comece do início e siga até o fim. Mas, para resumir, a história é: nós comemos demais por causa do que existe na nossa mente e dos gatilhos no ambiente. Para comer menos, precisamos mudar o que está na nossa mente e gerenciar o ambiente. É isso que precisa ser feito! Mesmo sabendo disso, leia o livro inteiro até o final. Afinal de contas, ele é bem curto!

1

UMA BREVE HISTÓRIA DAS DIETAS

Desde que existem artefatos para descobrir, desde que registros são feitos e imagens são pintadas, mulheres e homens têm desejado mudar sua aparência. As pinturas nas cavernas mostram adornos corporais e rostos pintados, escavações antigas descobrem pentes e joias, e os túmulos egípcios estavam lotados de máscaras e roupas elaboradas. Mais recentemente, as mulheres recorreram a corpetes e espartilhos, sutiãs e bobes, e os homens deixaram a barba crescer ou barbearam imaculadamente pelo menos parte dos pelos faciais. Mas o corpo continuou sendo algo a ser modificado conforme as atuais tendências e modas.

E então, no século XX, as dietas surgiram, junto com a necessidade de transformar o corpo de um modo mais permanente. Isso pode ser visto na mídia e na indústria da moda: a forma mutável do corpo ideal e a ascensão das dietas. Também pode ser visto na reação contra as dietas que surgiu na década de 1980 e no estado atual das coisas, com a proliferação de livros e cursos sobre dietas. Este capítulo vai explorar a história das dietas para mostrar a necessidade de uma abordagem baseada em evidências: a noção de fazer uma boa dieta.

A MÍDIA E A INDÚSTRIA DA MODA

Durante séculos, ossos de baleia, látex, náilon e algodão têm sido usados para reformatar e rearranjar qualquer parte do corpo que não tenha o aspecto desejado. Pense na Elizabeth Bennet de Jane Austen, nos anos 1800, com seus vestidos de corte império para exibir seu amplo colo, pense nos espartilhos dolorosamente apertados usados pela Madame Bovary de Flaubert, nos anos 1820, que sempre a faziam desmaiar, e nas saias rodadas dos anos 1850, que enfatizavam uma cintura estreita e um quadril mais largo. Mesmo na época das "melindrosas", nos anos 1920, sutiãs e espartilhos eram uma maneira aceitável de destacar os seios e apertar o estômago.

Depois, no final dos anos 1960, as mulheres trocaram espartilhos com arames e amarrações pela variedade emborrachada, que, por sua vez, foi trocada pela liberdade. Sutiãs no estilo corpete foram trocados por versões mais macias e leves, que, por sua vez, foram trocadas pelo luxo de ficar sem sutiã. Tornou-se permitido e até esperado que as mulheres liberassem o corpo e recorressem ao apoio natural dos seus músculos. E depois veio o biquíni e, junto com isso, Twiggy foi lançada entusiasticamente na cena da moda. De repente, no início de uma era de controle e sustentação naturais, foi dito às mulheres que elas não deveriam ter nenhuma carne para controlar ou sustentar. Os biquínis não davam proteção e representavam uma liberdade que só estava disponível para aquelas sem nenhum excesso de gordura corporal. Twiggy não precisava usar sutiã nem corpete; ela não tinha necessidade de apertar seu corpo apenas para que a parte apertada reaparecesse em outro local. Mas essa ausência de necessidade não veio de um desejo de liberar o corpo feminino, e sim do próprio fato de que ela não tinha nada para liberar. As mulheres podiam ficar sem sutiã desde que seus seios revelassem apenas uma vida contida naturalmente, e também ficar sem corpetes desde que o que sobrasse não precisasse de um. E foi aqui que as dietas entraram em jogo. Muito antes do início da epidemia de obesidade, os anos 1960 representaram o início da onda das dietas, e foi central para essa onda a indústria das dietas, que tem aumentado desde então.

A INDÚSTRIA DAS DIETAS

Livros, revistas, programas de dietas, artigos em jornais, programas de TV, alimentos dietéticos, apps, grupos de suporte online e vídeos de exercícios, tudo isso constitui a indústria das dietas. Essa indústria forneceu um recurso para as pessoas que precisavam perder peso. Mas ela também mudou a maneira como pensamos sobre o tamanho corporal em termos de estereótipos e criou um senso de que o tamanho corporal pode ser alterado.

Fornecendo um recurso

O grupo Vigilantes do Peso começou nos Estados Unidos em 1963 e na Inglaterra em 1967, e o primeiro número da revista *Slimming* (Emagrecimento) foi lançado na Inglaterra em 1969. A revista *Slimmer* (Mais magro) vendeu 142 mil exemplares entre janeiro e junho de 1990; os Vigilantes do Peso do Reino Unido tiveram em média 140 mil membros; e os clubes Slimmer tiveram em média 40 mil membros. Wolf (1990) descreveu a indústria das dietas de US$ 33 bilhões anuais nos Estados Unidos, *The F Plan Diet* (A dieta do plano F) (1982), de Eyton, vendeu 810 mil exemplares em três semanas e *Complete Hip and Thigh Diet* (A dieta completa para quadris e coxas) (1989), de Rosemary Conley, vendeu mais de 2 milhões de exemplares. Os serviços de atendimento médico agora oferecem suporte à perda de peso e o NHS[1] tem serviços para perda de peso em vários centros no Reino Unido. Existe uma demanda para esses serviços, e as pessoas respondem à sua disponibilidade. A indústria das dietas, portanto, fornece um recurso para seus usuários ao oferecer informações em folhetos, livros, contatos presenciais ou sites, proporcionando oportunidades para *networking* e apoio em grupo e oferecendo cuidados especializados por meio de pesagens e reforço positivo. Isso tudo é útil. Mas a indústria das dietas também muda o modo como pensamos sobre o tamanho corporal.

---

1 National Health Service, o serviço de saúde pública do Reino Unido, com alcance nacional [N.E.].

Estereótipos sobre tamanho

Existem muitos estereótipos associados ao tamanho corporal, e, enquanto a magreza está principalmente associada a atratividade, senso de controle e estabilidade emocional, o sobrepeso está associado a falta de atratividade, falta de controle, falta de força de vontade e preguiça. Essas ideias vêm da mídia e da indústria da moda. Elas também são perpetuadas pela indústria das dietas, que usa modelos magras para vender as mais recentes refeições de baixa caloria prontas para consumo, substitutos de refeições, barras de chocolate e medicamentos sem receita e para apresentar as roupas mais recentes. Muitas vezes, a ênfase é simplesmente em ser mais atraente ao perder peso. Por exemplo, em seu *Beverly Hills Diet* (A Dieta de Beverly Hills),[2] Mazel (1981) sugeriu que se alguém comentasse "Você está ficando magra demais", você deveria responder "Obrigada" [1]. Do mesmo modo, as revistas publicam histórias de sucesso de mulheres que perderam peso mostrando como se sentem muito mais felizes e como a vida delas mudou. Twiggy (1997) diz que sua "dieta de Kensington" pode "fazer muito por você, inclusive fazer você parecer e se sentir mais saudável, mais feliz, mais jovem e mais alegre" (p. 20) [2].

Às vezes a ênfase é no controle. Por exemplo, Conley, que desenvolveu a *Complete Hip and Thigh Diet* (1989) e outras dietas como o *Complete Flat Stomach Plan* (Plano completo para uma barriga chapada) (1996) e a *Metabolism Booster Diet* (Dieta de reforço de metabolismo) (1991), escreveu que as pessoas com sobrepeso deviam ter comido "um excesso de alimentos gordurosos e açucarados, que carregam muitas calorias – pão com muita manteiga, abundância de comidas fritas, bolos com creme, biscoitos, chocolates, salgadinhos e assim por diante. Os tipos de comidas que as pessoas com sobrepeso amam" (p. 65) [3]. Do mesmo modo, no livro *The Beverly Hills Diet* (1981), Mazel escreveu: "É imperativo que você se controle quando comer alimentos combinados. Não deixe seu coração tomar o controle. Coma como um ser humano, não como uma pessoa gorda".

E algumas vezes a indústria das dietas simplesmente associa estar acima do peso com alguns problemas psicológicos profundamente en-

---

2 Publicado no Brasil pelo Grupo Editorial Record em 1983 [N.T.].

raizados. Por exemplo, Levine (1997), em seu livro *I Wish I Were Thin, I Wish I Were Fat* (Eu queria ser magra, eu queria ser gorda), argumentou que as mulheres inconscientemente querem ser gordas e que é por isso que elas comem demais: se conseguirem ficar em paz com esses desejos inconscientes, elas podem "finalmente realizar nosso desejo consciente de sermos magras" (p. 13) [4]. De fato, Conley (1996) descreveu uma mulher que perdeu peso usando sua dieta, mas o recuperou e disse que "Vivien teve alguns problemas pessoais e recuperou, parte de seu peso. Porém, ela resolveu perder peso de novo, pois ficara encantada com seu sucesso anterior" (p. 30) [5]. A indústria das dietas mudou a maneira como pensamos sobre o tamanho corporal e nos incentivou a pensar que a magreza é atraente, enquanto ter sobrepeso é um sinal de pouco controle e problemas psicológicos. Além disso, essa indústria poderosa também nos convenceu de que o tamanho corporal poderia ser mudado e de que essa mudança era fácil, desde que seguíssemos suas instruções.

O tamanho corporal pode ser mudado (facilmente)

Perder peso (e não recuperá-lo) é notoriamente algo difícil de fazer, e é por isso que estou escrevendo este livro, a fim de tornar o ato de fazer dieta o mais eficiente possível! No entanto, grande parte da indústria das dietas apresenta seu produto como um caminho inevitável para o sucesso. Por exemplo, Coleman (1990) iniciou seu livro *Eat Green – Lose Weight* (Coma verde – perca peso) com a declaração: "Você deve comprar este livro se quiser emagrecer – e continuar magra – e estiver cansada das dietas de curto prazo que falham ou se tornam tediosas" e mais adiante afirmou que "dentro de alguns meses você se sentirá mais saudável, mais em forma, mais forte e mais feliz" (p. 7) [6]. Do mesmo modo, De Vries (1989) indicou que seu leitor deveria "se decidir a ter sucesso desta vez. Chega de ioiô e de sobe e desce. Você vai perder peso e perdê-lo permanentemente" (p. 20) [7], e Twiggy (1997), depois de descrever o sucesso de seus clientes, disse: "E se funcionou para eles, eu prometo, vai funcionar para você também!" (p. 17) [2]. Mesmo aquelas dietas que não são planejadas para reduzir a gordura são descritas como causadoras de perda de peso bem-sucedida. Por exemplo, Lazarides (1999) descreveu os fluidos como a raiz dos problemas de muitas pessoas e disse que "conseguir sentar no banheiro e urinar até 4,5 kg de excesso de peso corporal em alguns dias provavelmente parece algo saído dos nossos sonhos mais loucos", mas se você ficar firme na dieta dela "você vai literalmente conseguir urinar grande parte de seu excesso de peso corporal, algumas vezes dentro de apenas alguns dias" (p. 6) [8]. A indústria das dietas oferece uma vasta gama de produtos, todos capazes de mudar o peso corporal. Ela enfatiza o sucesso de seus produtos e, ao fazer isso, reforça a crença de que o tamanho e a forma corporal podem ser facilmente modificados pela pessoa.

A indústria das dietas proliferou desde os anos 1960. Mas, no final do século XX, a maré começou a virar, e surgiu uma reação às dietas.

A REVOLTA CONTRA AS DIETAS

O livro *Fat Is a Feminist Issue* (A gordura é uma questão feminista), de Susie Orbach, foi publicado pela primeira vez em 1978 e destacou as pressões sociais para ser magra e as razões complexas pelas quais as mulheres comem demais. Ele tinha o subtítulo: "o guia antidietas". Em 1982, Katahn deu a seu livro o subtítulo *How to Stop Dieting Forever* (Como parar com as dietas para sempre), e sua afirmação de abertura dizia: "Estou escrevendo este livro porque, francamente, estou cansado das bobagens sendo escritas que oferecem dietas como um meio para o controle de peso permanente" (p. 9) [9]. Do mesmo modo, os livros *Dieting Makes You Fat* (Fazer dieta engorda), de Cannon e Einzig, e *Breaking the Diet Habit* (Quebrando o hábito de fazer dieta), de Polivy e Herman, foram publicados em 1983. Mas foi só na década de 1990 que a revolta ganhou impulso, e então organizações como Diet Breakers (Quebradores de dietas) e o movimento Fat Acceptance (Aceitação da gordura) se definiram, livros elogiando as alegrias de ter sobrepeso foram escritos e revistas publicaram artigos sobre "alternativas às dietas". Por exemplo, Smith (1993) ofereceu seu livro *Fibrenetics* (Fibranética) como uma maneira de "finalmente jogar todo o conceito de dieta pela janela" (p. 12) [10], eu publiquei meu próprio livro em 1992, chamado *Fat Chance: The Myth of Dieting Explained* (Chance gorda: explicando o mito das dietas), e programas para incentivar "não dietas" foram estabelecidos por pesquisadores como Janet Polivy e Peter Herman. Especialmente nos EUA, no Canadá e no Reino Unido, as pessoas ficaram céticas sobre o valor das dietas, e "estar de dieta" passou a ser associado a um senso de conformismo. Porém, isso não impediu que as mulheres fizessem dietas. E as prateleiras continuaram cheias de guias para perder peso.

UMA ATITUDE MAIS EQUILIBRADA

Apesar de muitas dietas da moda surgirem a cada ano e as pessoas ainda ansiarem pela simples pílula mágica que lhes ofereceria a dieta bem-sucedida sem esforço, as últimas décadas viram uma atitude mais equilibrada em relação às dietas. A epidemia de obesidade aumentou na década de 1980 e, em resposta a isso, junto com um reconhecimento de que fazer dieta é difícil, nutricionistas, dietistas, psicólogos, grupos de gerenciamento do peso e especialistas em mudança de comportamento agora falam principalmente em uma "alimentação saudável" ou um "estilo de vida saudável" que seja sustentável no longo prazo. E embora isso possa exigir o ímpeto inicial da perda de grande quantidade de peso com a ajuda de medicação, dietas de pouquíssimas calorias ou mesmo cirurgia, é cada vez mais reconhecido que os hábitos precisam mudar de modo que as pessoas possam mantê-los pelo resto da vida. Mas mesmo que agora exista a vontade de fazer a coisa certa, ainda está pouco claro qual é essa coisa certa. Eu dou aulas a dietistas e nutricionistas que são especialistas em bioquímica e sabem exatamente o que as pessoas deveriam comer, mas precisam desenvolver habilidades a respeito de como ajudá-las a mudar seu comportamento. E eu encontro pessoas com sobrepeso que querem perder peso do jeito certo e se manter assim pelo resto da vida, mas ficam confusas com a diversidade de mensagens que recebem.

Mas isso não significa fingir que existe apenas um modo simples e certo de fazer dieta, perder peso e não o recuperar nunca mais. Não existe. Existem muitas abordagens diferentes que funcionam para algumas pessoas durante parte do tempo. E o objetivo deste livro é apresentar essas abordagens para a perda de peso de um modo acessível, para que possam ser usadas por quem precisa perder peso ou deseja ajudar outras pessoas a fazer isso. Estou chamando isso de "kit de ferramentas para uma boa dieta", que é o resultado de trinta anos de pesquisa e trinta anos de recusa a responder à pergunta: "Como eu perco peso?". Bom, pelo menos eu sinto que exista algum tipo de resposta.

UM KIT DE FERRAMENTAS PARA UMA BOA DIETA

Estar acima do peso é essencialmente um produto de dois fatores: o que se passa em nossa mente e os gatilhos no ambiente em que vivemos. Isso nos leva a fazer menos do que deveríamos e a comer mais do que precisamos. O resto deste livro vai primeiro explorar as maneiras como esses fatores promovem ganho de peso e, depois, descrever diversas estratégias para ajudar as pessoas a mudar o que acontece em sua mente e também gerenciar o seu ambiente.

2

ESTAR ACIMA DO PESO OU OBESO

A principal razão para fazer dieta é estar acima do peso ou obeso, e teria sido impossível deixar de ver a epidemia de ganho de peso que aconteceu desde a década de 1980. Este capítulo descreverá como determinar se você está acima do peso e a prevalência, as consequências e as causas do ganho de peso em termos de genética e do ambiente. O papel do comportamento em termos de comer demais e fazer de menos é chave tanto para o ganho de peso quanto para as dietas, e isso será abordado nos dois próximos capítulos (Capítulos 3 e 4).

O QUE É SOBREPESO?

Se uma pessoa está ou não acima do peso ou obesa, isso pode ser determinado usando diversas técnicas, como circunferência da cintura, percentual de gordura corporal ou normas populacionais. Mas o modo mais fácil é calcular o índice de massa corporal (IMC), uma razão entre altura e peso que pode ser determinada com qualquer calculadora online de IMC. Isso produz um número que indica: peso normal – 18-24,9; excesso de peso – 25-29,9; obesidade – 30+. Muitas pessoas que têm peso normal fazem dieta para mudar sua aparência. Isso pode criar diversos problemas, inclusive insatisfação com o corpo, transtornos alimentares e até ganho de peso (ver Capítulo 5). Mas muitos dos que têm sobrepeso ou são obesos também fazem dietas para melhorar sua saúde. Isso também pode criar todos os mesmos problemas que ocorrem com as pessoas com peso normal (ver Capítulo 5). Mas, às vezes, também pode levar a perda de peso e melhorias em saúde e bem-estar. Essas são as pessoas que deveriam fazer dietas, contanto que sejam bem feitas.

QUEM TEM SOBREPESO?

Desde a década de 1980, os adultos ficaram mais pesados na maioria dos países do mundo. As taxas de obesidade adulta no Reino Unido aumentaram dramaticamente entre 1993 e 2007, mas permaneceram relativamente estáveis nos últimos anos [11]. Se a obesidade é definida como IMC maior que 30, os relatórios mostram que no Reino Unido, em 1980, 6% dos homens e 8% das mulheres eram obesos, e isso aumentou para 13% e 16%, respectivamente, em 1994, e para 22% e 24% em 2009. Em 2009, o IMC médio foi de 27 para homens e mulheres. As estimativas para os EUA sugerem que aproximadamente metade dos adultos estadunidenses tem sobrepeso, um terço é obeso e as mulheres ficaram especialmente mais pesadas em anos recentes. Em todo o mundo, a Organização Mundial de Saúde (OMS) estima que 1,5 bilhão de adultos tenham sobrepeso e que 400 milhões sejam obesos [11]. As taxas mais elevadas de obesidade são encontradas em: México, Tunísia, EUA, Arábia Saudita e Canadá, e as mais baixas são encontradas em: China, Mali, Japão, Suécia e Brasil; Reino Unido, Austrália e Nova Zelândia estão em posições intermediárias. No continente europeu, as pessoas na porção norte do continente e no Leste Europeu são mais magras que as do este e as do sul, e as mulheres têm maior probabilidade de se tornar obesas que os homens.

AS CONSEQUÊNCIAS DE ESTAR ACIMA DO PESO

A obesidade tem várias consequências e pode causar tanto problemas psicológicos quanto de saúde física.

Problemas psicológicos

Nas crianças, as consequências mais imediatas de estar acima do peso ou ser obeso são psicológicas, com muitas delas apresentando insatisfação com o próprio corpo, baixa autoestima, ansiedade, melancolia e falta geral de confiança. As crianças com sobrepeso também têm maior probabilidade de sofrer *bullying* que crianças magras, o que pode levar a um baixo desempenho escolar ou à perda de aulas. Um padrão similar pode ser visto nos adultos, que também tendem a mostrar depressão, ansiedade, baixa autoestima e altos níveis de insatisfação com o corpo [11, 12].

Problemas físicos

Nas crianças, as consequências da obesidade se relacionam principalmente a ter baixa mobilidade, estar fora de forma e não conseguir ser tão ativo quanto os colegas. Porém, alguns problemas de saúde começam na infância, e os estudos mostram uma ligação entre ser obeso quando criança e ter asma infantil e diabetes tipo 2. Nos adultos, a obesidade está claramente associada a uma ampla gama de problemas de saúde física, incluindo doença cardiovascular, ataques cardíacos, diabetes, trauma nas articulações, dor nas costas, muitos tipos de câncer, hipertensão e AVCs, e a probabilidade de apresentar esses problemas simplesmente aumenta conforme o IMC da pessoa passa de 25. Os efeitos da obesidade também estão relacionados ao local em que o excesso de peso se localiza: o peso situado próximo ao meio do corpo é mais prejudicial que o peso localizado nas nádegas ou nas coxas. No Reino Unido, a prevalência do diabetes aumentou de 46% para 56% entre 1996 e 2005, o que pode ser amplamente explicado pelo aumento da obesidade. A obesidade também está diretamente relacionada com mortalidade e menor expectativa de vida [11, 13].

AS CAUSAS DO SOBREPESO

Então, o que causa esse problema? Existem três abordagens principais para entender as causas do ganho de peso: genética, ambiente e comportamento. A genética e o ambiente serão considerados neste capítulo.

Genética

O tamanho corporal é um traço de família, e a probabilidade de uma criança ter sobrepeso está relacionada ao peso dos pais. Por exemplo, ter um dos pais obeso resulta em 40% de probabilidade de uma criança ser obesa, e ter os dois pais obesos resulta em 80% de chance. Em contraste, a probabilidade de que pais magros tenham filhos com sobrepeso é muito pequena, cerca de 7%. Os pais e os filhos, porém, compartilham o ambiente e a genética, então essa probabilidade pode ser devida a um fator ou ao outro. Para abordar esse problema, a pesquisa examinou gêmeos e crianças adotadas. Os resultados mostram que gêmeos idênticos criados separadamente são mais similares em peso que gêmeos não idênticos criados juntos, indicando o papel da genética. Os estudos também mostram que o peso das pessoas que foram adotadas é mais similar ao de seus pais biológicos que ao de sua família adotiva. Em geral, os pesquisadores acreditam que a genética exerce um papel no peso e no local em que a gordura corporal é armazenada (parte superior do corpo *versus* parte inferior), que o peso da mãe é um melhor preditor do peso do filho que o do pai e que o papel da genética diminui conforme o IMC aumenta [14].

Mas isso não explica por que houve um aumento tão grande na prevalência da obesidade nos últimos trinta anos, uma vez que nossos genes não mudaram nesse período. Tampouco explica a forte evidência dos dados de migração que mostra que, conforme as populações se movem de um país para o próximo, elas rapidamente assumem o peso corporal de seu novo ambiente [15]. Por exemplo, os nigerianos que moram na Nigéria têm uma prevalência de obesidade de 5%, mas os nigerianos que mudaram para os EUA têm uma prevalência de 39%. Do mesmo modo, os japoneses que moram no Japão têm uma taxa de obesidade de 4%, mas os japoneses que moram no Brasil têm uma taxa de 39%. Por fim, a genética não explica como a obesidade parece ser contagiosa dentro de grupos de amigos. Isso tem sido estudado com uma abordagem de rede social que explora como o IMC se aglomera dentro de grupos e mostra que mesmo que nosso peso corporal seja similar ao de nossos pais, ele é ainda mais similar ao de nossos amigos e, conforme nossos amigos engordam ou emagrecem, o mesmo ocorre conosco [16].

Portanto, embora pareça que a obesidade é um dado familiar e que algumas pessoas podem ter uma predisposição genética para ganhar peso, a genética não pode ser a causa principal desse problema. Os pesquisadores, portanto, se voltaram para o ambiente e o comportamento individual como explicações mais úteis.

O ambiente obesogênico

Para explicar o aumento na obesidade, os pesquisadores voltaram sua atenção para o papel do mundo externo, que tem sido chamado de "ambiente obesogênico" [17]. Por exemplo, o setor da alimentação, com sua publicidade de alimentos, refeições prontas baratas e *delivery* de comida, desencoraja a comprar e cozinhar alimentos frescos e incentiva a comer fora e beliscar. Houve também uma redução nos trabalhos manuais e um aumento no uso de carros, computadores e TVs, que nos tornam mais sedentários no trabalho e em casa. E mesmo se quisermos ser ativos, os elevadores e as escadas rolantes fazem com que evitemos o uso de escadas, e as cidades são planejadas para dificultar as caminhadas com a ausência de luzes nas ruas e calçadas e as grandes distâncias entre as casas e os lugares de entretenimento ou lojas. Esse ambiente obesogênico cria um mundo em que é mais fácil ganhar peso e é mais difícil permanecer magro.

EM RESUMO

As taxas de obesidade aumentaram em todo o mundo desde a década de 1980, e isso tem implicações para a saúde física e psicológica. Embora a genética possa desempenhar um papel no desenvolvimento da obesidade, isso não explica as mudanças no decorrer do tempo, a evidência dos dados de migração ou o efeito das redes sociais e do peso de nossos amigos. Isso aponta para o ambiente obesogênico, que torna fácil ganhar peso e difícil permanecer magro. Para mim, contudo, essa explicação não é suficiente, pois nem todo mundo que vive em um ambiente obesogênico fica com sobrepeso. Portanto, existe também um papel claro para dois comportamentos – comer e atividade física – que serão considerados nos próximos dois capítulos.

3

POR QUE COMEMOS DEMAIS?

A equação entrada de energia/saída de energia é um equilíbrio muito delicado, e mesmo comer apenas um pedaço extra desnecessário de torrada por dia pode resultar em um aumento de peso depois de um ano. Imagine como isso poderia rapidamente levar alguém a ficar com sobrepeso ou obeso! Está claro, portanto, que as pessoas que têm sobrepeso comeram mais do que precisavam no passado. Também está claro que, a fim de manter esse nível de peso, elas devem continuar comendo exatamente o que estão usando de energia, pois de outro modo o peso delas diminuiria. Quando perguntamos às pessoas por que elas comem, a maioria delas diz: "Estou com fome" ou "Eu gosto disso", e elas tendem a ver o comportamento alimentar como uma necessidade biológica impulsionada pela necessidade de sobreviver. O comportamento alimentar, no entanto, é muito mais complexo que isso, pois comemos por muitos outros motivos além da fome: "Eu estava entediado", "Eu estava infeliz", "A comida estava lá", "Eu precisava limpar meu prato", "O almoço de domingo é um importante momento em família", "Eu estava com meus amigos". Em seu aspecto mais simples, comer pode ser visto como o resultado do que está em nossa mente e dos gatilhos em nosso ambiente, o que, por sua vez, pode nos levar a comer demais.

O QUE ESTÁ EM NOSSA MENTE

Desde o momento em que nascemos, aprendemos a gostar de algumas comidas da mesma maneira que aprendemos a falar, a gostar de algumas roupas ou a gostar de alguns hobbies. Nós aprendemos por meio de exposição a simplesmente preferir os alimentos com que estamos mais familiarizados. Nós aprendemos observando nossos pais, amigos ou a mídia e ao vermos os alimentos que os outros comem, especialmente se essas pessoas forem aquelas que amamos ou com quem queremos nos parecer. E aprendemos por meio do simples processo da gratificação e da associação. Então, se nossos pais dizem: "Coma os legumes e aí você vai comer a sobremesa", "Você foi um bom menino, coma um pedaço de bolo", "Você teve um dia difícil? Coma um biscoito" ou "Vamos nos dar um presente e tomar um sorvete", aprendemos que doces são presentes, legumes são ruins, e que comidas recompensadoras nos fazem sentir especiais e são uma grande maneira de lidar com nossas emoções [18, 19]. E isso nos deixa com um esquema definido em nossa mente que levamos até a vida adulta e usamos para determinar de quais comidas gostamos, quando e quanto comemos. E é isso que nos leva a comer demais, o que pode ser visto em termos dos fatores a seguir.

Alimentação emocional

Quando uma criança está chateada, o modo mais fácil e mais rápido de acalmá-la é lhe dar comida. Isso age como uma distração dos sentimentos dela, dá a ela algo para fazer com as mãos e a boca e desvia sua atenção daquilo que a está incomodando. Se a comida escolhida também for vista como um agrado, como doces ou um biscoito, então a criança vai se sentir "agradada" e mais feliz. Usar a comida desse jeito é eficiente no curto prazo. Mas no longo prazo, pode ser prejudicial, uma vez que aprendemos rapidamente que a comida é uma boa maneira de gerenciar as emoções. Depois, conforme passamos pela vida, sempre que nos sentimos exasperados, ansiosos ou apenas entediados, buscamos a comida para nos sentirmos melhor. Isso é chamado de alimentação emocional, e estudos indicam que a alimentação emocional está associada ao ganho de peso [20, 21].

Interação social

A comida deveria ter a ver com fome e plenitude e ser vista como um combustível simples para manter o corpo. No entanto, por causa da maneira como a comida é usada nas famílias e na sociedade em geral, desenvolvemos uma diversidade de associações entre comida e outros aspectos de nossa vida. Uma das principais associações ocorre entre comida e interações sociais e, para muitas pessoas, a comida não tem só a ver com gerenciar emoções, mas também com tempo em família, nascimentos, casamentos, festivais religiosos, namoro e a celebração de praticamente todas as ocasiões que envolvem estar com outras pessoas. E para muitas pessoas isso leva a comer demais e ao posterior ganho de peso.

Identidade

A comida também tem um papel central na maneira como enxergamos a nós mesmos e forma uma parte essencial de nossa identidade. Portanto, algumas pessoas podem se considerar chatas para comer, exigentes ou limitadas em relação ao que comem enquanto outras declaram "Eu como qualquer coisa". Alguns se tornam muito conscientes em relação à saúde e só consomem dietas com baixo teor de gordura, pouco açúcar e pouco sal e passam a evitar carne, aditivos e comidas processadas, enquanto outros anunciam que os nutricionistas não conseguem se decidir sobre o que deveríamos comer e "é tudo bobagem" e, portanto, se orgulham de comer tudo. E enquanto alguns proclamam publicamente "Eu não tenho muito apetite", outros dizem orgulhosamente "Posso comer como um cavalo". Essas são todas maneiras de usar a comida como parte da maneira como nos vemos e como comunicamos quem somos para o mundo ao nosso redor. A comida se torna uma linguagem pela qual falar e, assim, pode resultar em comer mais do que precisamos e ter sobrepeso.

Culpa e negação

Para alguns, a comida é um prazer, um agrado e parte do modo como se sentem melhor com a vida. Mas para muitos a comida também está ligada a culpa e negatividade. Há tanta pressão para ser magro, com todas as associações com atratividade, controle e estabilidade emocional, que as pessoas negam comida a si mesmas para perder peso. Mas então, como esse processo de negação só pode durar algum tempo, elas acabam comendo e alternando entre comer, culpa por comer e, depois, comer demais para gerenciar a culpa. Por sua vez, isso pode levar a ganhar peso [22].

Comida e recompensa

A comida está ligada à recompensa de muitas maneiras diferentes. Comer é recompensador, pois a comida tem um sabor agradável e nos faz sentir bem. A comida também é usada como recompensa quando merecemos um agrado, fazemos um intervalo no trabalho ou conseguimos um de nossos objetivos. E a comida também pode ser usada como recompensa por comer ou não, como em "Tenho de comer todo o jantar para poder comer sobremesa" ou "Fiquei firme na dieta e mereço um pedaço de bolo". Como resultado, a comida não saudável muitas vezes assume o significado de "agrado", enquanto a comida saudável é vista como chata ou apenas necessária. O problema do ganho de peso é que todas essas recompensas estão no aqui e agora, enquanto as suas consequências negativas estão sempre no futuro. E as pessoas dão um "desconto ao futuro" e, então, os benefícios e as recompensas de agora sempre ganham dos custos no futuro: bolo agora sempre ganha de um ataque do coração em quarenta anos, e assim nós comemos demais e nosso peso aumenta [23, 24].

Uma análise simples de custo-benefício

Em sua forma mais simples, o comportamento alimentar é realmente uma análise de custo-benefício, com as pessoas pesando os benefícios (gerenciar as emoções, ser sociável, fazer uma declaração sobre identidade, prazer e recompensa) contra todos os custos (culpa, risco, obesidade, diabetes, doença cardíaca). Infelizmente, quando se trata de comida, a maioria dos benefícios está aqui e agora, e a maioria dos custos está no futuro, o que significa que os benefícios acabam ganhando e as pessoas acabam comendo mais do que deveriam.

Comer é, portanto, uma resposta ao modo como pensamos sobre a comida. Comer é também uma resposta aos gatilhos em nosso ambiente.

GATILHOS EM NOSSO AMBIENTE

O ambiente obesogênico torna muito fácil comer e oferece numerosos gatilhos que provocam a alimentação sem consciência e mudam o que, quando, onde, como e por que comemos.

Comer sem consciência

Os pacotes de salgadinho costumavam ter 30 g, e nós comíamos um só e parávamos. Muitos pacotes agora são de "tamanho econômico" e pesam 60 g. Pouquíssimas pessoas comem o original de 30 g e depois param; elas comem tudo - duas vezes a quantidade que costumavam comer. Agora vivemos em um mundo em que o tamanho das porções é maior, bolos são oferecidos no trabalho, temos guloseimas em nossos armários e restaurantes drive thru de fast food onde podemos comprar comida com milhares de calorias sem nem ter de parar de dirigir para comer. E comemos não porque estejamos mais famintos do que costumávamos estar, mas porque a comida está lá. E quando estamos comendo, fazemos isso sem perceber que estamos comendo e, como resultado, não ficamos satisfeitos. Isso é conhecido como comer sem consciência [25]. Recentemente, fizemos um estudo a respeito de quanto as pessoas comiam em quatro situações diferentes: no carro, assistindo à TV, conversando com alguém ou sozinhas. Encontramos dois resultados [26]. Primeiro, as pessoas comiam mais enquanto assistiam à TV que em qualquer das outras situações, o que também foi encontrado em muitos outros estudos [27]. Em segundo lugar, a quantidade que comiam enquanto dirigiam não estava relacionada com mudanças em sua sensação de fome. Isso indica que comemos mais quando estamos distraídos, em especial ao assistir à TV.

Isso também indica que, se estivermos distraídos, como quando dirigimos, não registramos a comida que ingerimos, e ela não nos satisfaz. Por sua vez, também tem sido demonstrado que isso leva a comer ainda mais depois [28]. Essa alimentação sem consciência faz as pessoas comerem demais em um ambiente em que a comida está facilmente disponível e, com o tempo, isso provoca ganho de peso.

O que comemos

Com a diminuição no ato de cozinhar do zero e o aumento na venda de fast food, delivery e refeições prontas, o ambiente obesogênico tem mudado o que comemos. Isso provoca ganho de peso, pois fast food, delivery e refeições prontas muitas vezes têm alto teor de gordura, e uma teoria sobre a obesidade é que ela está ligada a uma dieta com teor relativamente alto de gordura em comparação com carboidratos. Para apoiar essa teoria, um estudo com 11,5 mil pessoas na Escócia mostrou que os homens e as mulheres que comiam a proporção mais baixa de carboidratos em suas dietas tinham uma probabilidade até quatro vezes maior de serem obesos que aqueles que comiam a maior proporção de carboidratos [29]. Um estudo similar em Leeds também apoiou a teoria da proporção de gordura na obesidade [30]. Esse estudo relatou que as pessoas que comiam alto teor de gordura e derivavam mais de 45% da energia da gordura tinham probabilidade 19 vezes maior de serem obesas que as que derivavam menos de 35% de sua energia da gordura. Uma dieta com teor relativamente alto de gordura pode provocar ganho de peso e obesidade, pois a queima de carboidrato exige mais energia que a de gordura. Os carboidratos são queimados, e a gordura é armazenada; os carboidratos fazem você se sentir satisfeito mais depressa, e a gordura não desliga o desejo de comer, tornando mais fácil comer mais e mais gordura sem se sentir satisfeito.

Quando comemos

O ambiente obesogênico também significa que temos uma probabilidade muito maior de comer "petiscos" que refeições e, infelizmente, os petiscos costumam ter teor mais alto de gordura e calorias, além da maior probabilidade de serem esquecidos ou desconsiderados. Assim, se você perguntar a alguém o que comeu ontem, a pessoa tenderá a contar o café da manhã, o almoço e o jantar, mas não os petiscos (ou as bebidas) entre as refeições principais. Isso significa que os petiscos fazem as pessoas comerem mais em longo prazo, pois elas não registram que comeram e, assim, não se sentem satisfeitas. Existe também alguma evidência de que as pessoas com sobrepeso podem ter maior probabilidade de pular refeições, especialmente o café da manhã, o que pode torná-las mais propensas a ficar petiscando durante o resto do dia [31].

Onde comemos

Também houve mudanças no local onde as pessoas comem, e não apenas as pessoas comem mais petiscos, mas também ficam petiscando quando estão em movimento, no carro, na mesa de trabalho ou na rua. Recentemente, fizemos um estudo sobre o impacto de "comer em movimento" e descobrimos que aqueles que comiam uma barra de cereal andando pelos corredores da universidade, mais tarde, ingeriam mais alimento que aqueles que comiam a barra de cereal sentados à mesa. Comer em movimento pareceu fazer as pessoas se sentirem menos satisfeitas depois, o que significa que elas continuavam comendo quando havia comida disponível novamente [32]. E então, quando as pessoas de fato se sentam para comer, elas muitas vezes comem na frente da TV, o que também pode aumentar a ingestão de alimentos [27]. Isso acontece porque elas se distraem da alimentação e, assim, não notam quanto consumiram.

Como comemos

Existe também alguma evidência de que o ganho de peso pode estar relacionado a como comemos: as pessoas obesas tendem a mostrar uma taxa inicial de alimentação mais rápida e a dar garfadas maiores de comida [33]. Isso pode acontecer porque estão petiscando e comendo em movimento em vez de fazer uma refeição, ou em virtude de níveis mais altos de alimentação emocional, que as deixa ansiosas em relação à comida.

Por que comemos

Idealmente, comeríamos quando tivéssemos fome e pararíamos quando estivéssemos satisfeitos. Mas, conforme descrito anteriormente, comemos por muitas outras razões, pois a comida é usada como uma maneira de gerenciar nossas emoções, para interação social, para fazer declarações sobre nossa identidade – todos os fatores que estão em nossa mente. O ambiente que nos rodeia não só muda quando, onde, o que e como comemos: ele também muda por que comemos e também atua como um gatilho por essas diferentes razões. Então, se a comida estiver disponível, comemos sem consciência em vez de comer quando estamos com fome. Mas se o ambiente ativar nossas emoções, comemos para regulação emocional; se estivermos em um café, comemos para interação social; se estivermos com algumas pessoas de nossa vida, comemos para fazer uma declaração sobre como queremos que elas nos vejam.

EM RESUMO

Em sua forma mais simples, o ganho de peso é um resultado de comermos mais do que precisamos. Este capítulo explorou os motivos pelos quais as pessoas comem demais com foco naquilo que está em nossa mente e nos gatilhos em nosso ambiente. Ele também mostrou que, algumas vezes, esses gatilhos mudam qual parte do que está em nossa mente é mais importante. E isso tudo pode levar ao ganho de peso.

4

POR QUE NÃO SOMOS ATIVOS O BASTANTE?

A equação entrada de energia/saída de energia destaca o papel equivalente da atividade. Na verdade, um estudo explorou o relacionamento entre peso corporal e andar de residência em quase 3 mil adultos de peso normal em oito cidades europeias [34]. Os resultados mostraram que, no caso dos homens, morar em um andar mais alto estava associado com IMC mais baixo. Os autores concluíram que subir escadas diariamente pode reduzir o peso e, portanto, deve ser incentivado. O Departamento de Saúde do Reino Unido recomenda que os adultos façam pelo menos trinta minutos de exercício em cinco ou mais dias da semana, mas muitas pessoas têm estilos de vida sedentários e não conseguem fazer isso. O motivo de as pessoas fazerem ou não exercício também podem ser entendido em termos do que está em nossa mente e dos gatilhos no ambiente.

O QUE ESTÁ EM NOSSA MENTE

Fazer exercício e ser fisicamente ativo na vida diária têm muitas consequências. Por exemplo, é claro que ser ativo está ligado a se sentir mais energético; a uma redução no risco de doenças como câncer, diabetes, obesidade, ataques cardíacos e AVCs; e a um aumento na expectativa de vida. Isso também tem um impacto sobre numerosos fatores psicológicos, com a prática de exercícios resultando em melhorias no estado de espírito, na confiança e na autoestima e em redução nos estados de depressão e ansiedade. Mas conhecer esses resultados nem sempre torna as pessoas mais ativas, pois os atos de decidir fazer exercícios e, depois, realmente fazê-los estão relacionados à maneira como pensamos, como veremos a seguir.

Contato social

É reconhecido há tempos que uma das principais razões pelas quais as pessoas se exercitam é que isso fornece contato social [35]. É por isso que esportes em grupo, como futebol, basquete e vôlei, são populares entre as crianças. É por isso que os adultos frequentam academias: para frequentar aulas de dança, aeróbica ou *spinning* e se exercitar enquanto estão com outras pessoas. O exercício tem maior probabilidade de acontecer se for uma atividade social que traz benefícios sociais. Não reconhecer ou não valorizar os benefícios sociais do exercício pode levar as pessoas a ficarem inativas, o que, por sua vez, pode provocar ganho de peso.

Normas sociais

O exercício também reflete se um comportamento ativo é a norma na família ou no grupo social de alguém. A pesquisa mostra que o peso corporal é "contagioso" e que os amigos tendem a ter um peso corporal similar entre si. Isso sugere que a norma do peso corporal foi estabelecida dentro desses grupos de amizade e, com o tempo, as pessoas dentro do grupo mudam seu peso para ficar mais similares a essa norma. Da mesma maneira, ser ativo também é uma característica das famílias e entre amigos. Assim, se você mudar de emprego e fizer novos amigos que são muito ativos, a probabilidade é que você também passe a ser mais ativo. Do mesmo modo, se você encontrar um grupo que gosta de se sentar à mesa para comer bolo e fazer um lanche da tarde, então você bem pode começar a ganhar peso. Essas normais sociais, portanto, influenciam o quão ativa a pessoa vai se tornar.

Exercício é divertido

Quase todas as campanhas sobre exercícios enfatizam os benefícios para a saúde e dizem que se manter ativo é bom para o coração e ajuda você a viver mais e a manter um peso saudável. Mas isso significa muito pouco para a maioria das pessoas, que vive no presente e acha difícil se preocupar com um ataque do coração aos 65 anos. Somos muito ruins em "pensar no futuro" e só nos preocupamos realmente com o aqui e o agora. Portanto, a próxima razão importante pela qual as pessoas se exercitam é se divertir. Se o exercício é divertido, os benefícios de fazer isso *agora* facilmente superam os custos, e isso torna o aqui e o agora mais agradáveis. E acreditar nessa diversão pode fazer as pessoas começarem a ser mais ativas.

O impacto do exercício sobre o estado de espírito

Existe uma forte evidência de que o exercício é bom para o nosso estado de espírito [36]. Isso pode assumir a forma de "'barato' dos corredores" para aqueles que estão em muito boa forma, mas para a maioria das pessoas é só um senso de felicidade, de estar vivo e uma liberação de estresse quando estamos ao ar livre, com ar fresco e sendo ativos. Depois de sentir os benefícios psicológicos do exercício, elas começarão a acreditar que ser ativas as beneficia e, portanto, farão mais exercício.

Confiança

Sentir-se confiante também é importante para ser ativo. Isso pode envolver se sentir confiante em esportes como natação, basquete, futebol ou tênis. Também pode significar se sentir confiante de que sabe onde ficam os vestiários no centro de lazer local, sabe como pagar para entrar, sabe onde pegar o ônibus ou a rota a pé da escola até lá. A melhor maneira de aumentar a confiança é simplesmente fazer alguma coisa algumas vezes, se parabenizar por ter feito isso e, depois, fazer mais.

Constrangimento

Ser ativo pode envolver ficar suado, ofegante e com o rosto vermelho, usar roupas justas, ter seu corpo se movimentando e oscilando em público e se despir em um vestiário. Todos esses fatores, e mesmo a antecipação deles, podem fazer com que as pessoas fiquem constrangidas e, portanto, permaneçam em casa e inativas.

Custos percebidos do exercício

Considerando que vivemos basicamente no agora, na hora de escolher sermos ativos, os benefícios precisam superar os custos. Existem, porém, muitos custos que ficam no caminho, e as pessoas podem dizer: "É preciso ter tempo", "É chato", "Estou ocupada", "Não gosto de ficar suada", "Não gosto de ter de trocar de roupa", "É constrangedor porque eu não estou em forma" e "As academias são caras demais". O exercício terá maior probabilidade de acontecer se for feito de uma maneira que evite todos esses custos.

Hábito

O melhor preditor de como nos comportaremos no futuro é como nos comportamos no passado. Todas as crenças descritas até aqui aumentarão a probabilidade de que alguém venha a ser mais ativo. Então, depois de começar a ser mais ativo, vai se estabelecer um hábito que se torna cada vez mais difícil de quebrar.

Valorização da saúde

Para muitas pessoas, ser saudável não é um motivador poderoso, pois está muito no futuro, e os benefícios imediatos de não ser saudável (comer um bolo *agora*, assistir à TV *agora*) sempre ganharão de algo que acontecerá em cinco ou mesmo dez anos. Mas algum grau de valorização da saúde vai influenciar o modo como nos comportamos. Para muitos, a saúde se transforma em um motivador depois que eles desenvolvem sintomas como falta de ar, dores, falta de energia ou apenas uma sensação de envelhecimento. Isso pode então desencadear a determinação para se tornarem mais ativos.

Todos esses fatores estão "em nossa mente" e refletem os esquemas que desenvolvemos no decorrer de nossa vida. Por sua vez, estes influenciam o quanto somos ativos, o que por sua vez mudará nosso peso corporal.

GATILHOS NO AMBIENTE

Ser ativo e se exercitar é também uma resposta aos gatilhos no ambiente, e, da mesma maneira que um ambiente obesogênico torna fácil comer demais, ele também nos incentiva a fazer menos. Esses gatilhos podem mudar nosso nível de atividade das maneiras a seguir.

Acessibilidade

Ser ativo requer espaços verdes, calçadas, ciclovias, escadarias, academias, instalações esportivas e parques. Simplesmente ter acesso a essas instalações torna muito mais provável que alguém seja ativo.

Custo e tempo

Quaisquer obstáculos ao exercício impedirão as pessoas de serem mais ativas, e eles podem incluir o custo financeiro da mensalidade da academia e o tempo necessário para ir até o local do exercício, trocar de roupa e tomar banho. Portanto, preços altos, instalações de difícil acesso e vidas ocupadas podem ser uma barreira para se tornar mais ativo.

Parte da vida diária

A razão principal para ser ativo é que isso é "simplesmente parte da minha vida". Portanto, se as crianças andam até a escola, brincam no jardim, sobem em árvores, pedalam até a casa dos amigos ou são fisicamente ativas em casa (em vez de se sentar na frente da TV ou do computador), elas vão se exercitar sem saber e ficar saudáveis com o mínimo esforço. Do mesmo modo, se os adultos caminham até o trabalho ou pelo menos usam transporte público, sobem escadas em vez de usar o elevador, andam nas escadas rolantes, caminham até as lojas ou quando saem à noite e diminuem o tempo que passam sentados em casa ou no trabalho, eles também estarão fazendo exercícios sem ter de pensar nisso. Assim, um ambiente que torne mais fácil incorporar a atividade na vida diária de todos terá maior probabilidade de desencadear estilos de vida mais ativos.

Baixo esforço

Em sua forma mais simples, o exercício é a resposta a uma análise de custo-benefício dos prós e contras de ser ativo. Muitas vezes, o que faz as pessoas realizarem qualquer atividade é o fato de ela exigir pouco esforço em termos de tempo, dinheiro, emoção e pensamento. O ambiente pode contribuir para isso ao exigir mais ou menor esforço para a realização do exercício, dependendo do que é oferecido a cada indivíduo.

EM RESUMO

Este capítulo esboçou as causas da atividade física, e, assim como o comportamento alimentar, esse hábito também está ligado ao que está em nossa mente e aos gatilhos em nosso ambiente. Qualquer tentativa de perda de peso tem de abordar esses fatores.

5

DIETAS E SUAS CONSEQUÊNCIAS

As dietas vêm em muitas formas e têm consequências positivas e negativas para a pessoa que as faz. Este capítulo vai descrever o que significa fazer dieta e quando as pessoas fazem dieta. Depois, vai explorar o impacto de fazer dieta sobre os fatores físicos, como peso, condição de saúde e mortalidade, e sobre os fatores psicológicos, como estado de espírito, comportamento alimentar e identidade. Ele também aborda os motivos pelos quais as dietas continuam a ser centrais para o gerenciamento médico e cirúrgico da obesidade.

O QUE SIGNIFICA FAZER DIETA?

Desde os anos 1960, tem havido um fluxo contínuo de novas dietas no mercado, incluindo as que recomendam comer apenas frutas, apenas carnes ou apenas bebidas que substituem refeições; outras que excluem grupos alimentares inteiros, como carboidratos, gorduras, proteínas ou açúcares; e aquelas que recomendam pular refeições, contar calorias, um sistema de pontos, ter dias de dieta e dias livres, ou seguir um plano de alimentação saudável. Um recente estudo internacional explorou as muitas maneiras diferentes que as pessoas usam para tentar perder peso e manter essa perda e identificou numerosas estratégias [37]. Esse estudo de larga escala identificou 37 estratégias de perda de peso, sendo as mais comuns comer mais frutas e vegetais, escolher os alimentos mais conscientemente, tomar sopa e se pesar. Os pesquisadores também identificaram doze motivações, das quais as mais comuns eram aumentar o bem-estar, melhorar a saúde e evitar doenças, além de melhorar a forma física e a aparência. Mas qualquer que seja o método, em sua essência uma dieta é qualquer coisa que sugere que você coma menos do que comeria geralmente e impõe algum nível de controle sobre sua alimentação a fim de perder peso. Os estudos também têm explorado a prevalência das dietas e indicado que aproximadamente 42% da população geral relatam ter tentado perder peso no ano anterior, cerca de 23% relatam ter tentado manter a perda de peso no ano anterior e cerca de 70% relatam ter feito dieta para perder peso [37]. Existem vários motivos pelos quais as pessoas fazem dieta, e agora vamos abordá-los.

POR QUE AS PESSOAS FAZEM DIETA?

As três razões principais pelas quais as pessoas fazem dieta são perder peso quando estão com sobrepeso, como uma resposta à insatisfação com o corpo e como parte de uma necessidade de recuperar o controle, como exemplificado pelas pessoas com transtornos de alimentação.

Quando as pessoas com sobrepeso querem perder peso

Aqueles que têm sobrepeso ou são obesos fazem dietas como um meio de perder peso. Para alguns, isso envolve entrar em um grupo formal de gerenciamento de peso por encaminhamento do médico ou simplesmente por decisão própria. Para muitas pessoas, porém, isso envolve limites autoimpostos que podem ser guiados por livros de dietas, internet, apps ou grupos de autoajuda. Fazer dieta também é parte intrínseca do gerenciamento médico e cirúrgico de sobrepeso.

Quando o ato isolado de fazer dieta falha, as pessoas com sobrepeso ou obesas podem se voltar para a medicação e, como disse Hirsch em 1998, "Quem não se alegraria por encontrar uma bala mágica que pudesse ser dada a pessoas obesas para torná-las permanentemente magras e saudáveis?" [38]. Os médicos têm oferecido medicamentos de perda de peso por muitos anos e, frequentemente, costumavam prescrever anfetaminas, o que parou de acontecer pelo fato de elas provocarem dependência. Atualmente, a terapia medicamentosa só está disponível legalmente no Reino Unido aos pacientes com IMC de 30 ou mais, e os órgãos do governo se tornaram cada vez mais restritivos no uso de medicamentos antiobesidade.

Existem atualmente dois grupos de medicamentos antiobesidade oferecidos em conjunto com programas de dietas e exercícios. Os do primeiro grupo suprimem o apetite. Embora existam algumas evidências da eficácia desses medicamentos, eles também podem ser acompanhados por efeitos colaterais como náusea, boca seca e constipação. Recentemente, todos esses medicamentos foram retirados do mercado em virtude do risco de ataques cardíacos e estado de espírito deprimido. O segundo grupo de medicamentos reduz a absorção de gordura. O orlistate é um deles e pode causar perda de peso em pessoas obesas. Porém, é acompanhado por uma gama de efeitos colaterais desagradáveis, incluindo diarreia, uma necessidade urgente de ir ao banheiro e incontinência anal, que ocorrem especialmente depois de uma refeição com alto teor de gordura, pois a gordura é bloqueada e não entra na corrente sanguínea. Atualmente, no Reino Unido, existe uma versão do orlistate que é vendida sem receita médica com uma dose mais baixa que a prescrita pelos médicos, mas com efeito similar. Fizemos uma pesquisa sobre o impacto do orlistate que indicou que, quando ele funciona, isso acontece ao fazer as pessoas obesas perceberem que seu peso é causado por aquilo que comem mais que por sua estrutura biológica, e simplesmente ver a gordura em sua dieta sair de um modo tão desagradável as ajuda a estabelecer o vínculo entre a gordura ingerida e a gordura armazenada no corpo. Então, eles mudam sua dieta [39, 40]. Essa abordagem médica ao peso, portanto, só pode funcionar se as pessoas também fizerem dieta ao mesmo tempo. Infelizmente, algumas vezes as pessoas têm uma dieta de alto teor de gordura, veem as consequências desagradáveis e apenas param de tomar o medicamento em vez de mudar a dieta.

Muitas pessoas também estão se voltando para a cirurgia bariátrica. No Reino Unido, nos Estados Unidos e na maioria dos países europeus, a cirurgia está disponível para aqueles com IMC acima de 40, ou acima de 35 se tiverem outros problemas de saúde, como diabetes ou hipertensão. Embora existam 21 procedimentos cirúrgicos diferentes para obesidade, os dois mais populares são gastroplastia em Y-de-Roux (ou *bypass* gástrico) e banda gástrica. Pesquisas indicam que a cirurgia é efetiva tanto para a perda de peso quanto para sua manutenção e pode reduzir o risco de doença cardíaca e de diabetes [41, 42]. Porém, nem tudo são boas notícias: algumas pessoas que fazem cirurgia não perdem tanto peso como esperavam ou acabam recuperando o peso [43]. Elas também podem perder peso depressa demais e ficar desnutridas. Além disso, algumas ficam com grandes quantidades de excesso de pele, o que é difícil de administrar e exige cirurgia plástica. Minha pesquisa sobre os efeitos psicológicos da cirurgia bariátrica indica que não só a perda de peso causa melhoria na autoestima e na confiança, o que se esperaria de qualquer método eficiente de perda de peso, mas as pessoas também sentem menos fome, ficam menos preocupadas com comida e mais no controle de seu comportamento alimentar. Chamei isso de "paradoxo do controle", pois, ao tirar o controle do indivíduo, ele paradoxalmente se sente mais no controle [44]. A cirurgia, porém, ainda requer algum nível de dieta e está se tornando claro que a manutenção da perda de peso em longo prazo depois da cirurgia exige que a pessoa controle sua ingestão de alimentos em vez de confiar nos limites impostos pela cirurgia.

Fazer dieta como resposta à insatisfação com o corpo

Embora muitas pessoas façam dieta como um modo de melhorar a saúde, o objetivo mais imediato muitas vezes é melhorar a satisfação com o corpo. E embora algumas pessoas insatisfeitas com o corpo possam ter sobrepeso, muitas não têm, mas são críticas quanto a sua aparência. A insatisfação com o corpo também pode ser um motivador importante para fazer dieta, mas nem sempre ela será saudável.

O que é insatisfação com o corpo?

A insatisfação com o corpo pode ser conceituada de três maneiras diferentes. Primeiro, pode ser vista como uma discrepância entre a percepção que as pessoas têm de seu tamanho corporal e seu tamanho corporal real, a qual pode ser detectada usando-se espelhos de distorção ou um sistema de luzes para avaliar o tamanho real do corpo de alguém em comparação com o tamanho que essa pessoa acha que tem. Segundo, algumas vezes é medida como a discrepância entre o modo como alguém percebe seu tamanho corporal em comparação ao seu tamanho corporal ideal. Terceiro, pode simplesmente estar relacionada a sentimentos de descontentamento com o tamanho e a forma do corpo e uma sensação de que as coxas são flácidas demais ou os seios são pequenos demais [45]. Então, quem demonstra insatisfação com o corpo?

A prevalência da insatisfação com o corpo

De modo geral, as mulheres são mais insatisfeitas com seu corpo que os homens e prefeririam que seus peitos fossem maiores e suas pernas, barriga, coxas, nádegas e forma corporal geral fossem menores. Mas os homens também têm insatisfação com o corpo. Pesquisas indicam que os homens se preocupam principalmente com tamanho do pênis, peso corporal e altura, e que sua autoestima geral com a aparência está relacionada com sua satisfação com peso, musculatura, altura e tamanho do pênis. Além disso, estudos sugerem que os homens, de modo geral, prefeririam que seus braços, peito e ombros fossem maiores e a barriga e o corpo em geral fossem menores. Embora aqueles que tenham um transtorno alimentar ou problema de peso demonstrem insatisfação com o corpo, tornou-se cada vez mais claro que a insatisfação com o corpo é comum em pessoas de todas as formas e tamanhos [45].

Causas da insatisfação com o corpo

Existem muitas causas possíveis para a insatisfação com o corpo, mas os culpados mais prováveis são a mídia e o ambiente doméstico.

A crença mais comum nas comunidades leiga e acadêmica é que a insatisfação com o corpo seja uma resposta às representações dos "corpos ideais" na mídia. Revistas, jornais, televisão, filmes e até romances usam predominantemente imagens de mulheres magras para vender às mulheres e imagens de homens musculosos para vender para os homens. Às vezes, esses modelos podem anunciar itens relacionados com tamanho corporal, como alimentos e roupas, mas muitas vezes eles promovem itens neutros, como aspiradores de pó e papel de parede. Pesquisas indicam que, por meio dos processos de comparação social e internalização, as pessoas normais aceitam essas imagens ideais e se tornam críticas quanto a sua aparência. Na verdade, as pesquisas mostram que, mesmo depois de uma breve exposição a essas imagens em um experimento, as mulheres em especial acabam se sentindo pior em relação a sua aparência [46, 47].

Pesquisas também exploraram o impacto do ambiente doméstico sobre a insatisfação com o corpo e indicam um importante papel da insatisfação da mãe com o próprio corpo sobre a insatisfação da filha e também sobre o relacionamento mãe-filha. Em especial, os estudos indicam que as mães que são insatisfeitas com seu corpo comunicam isso a suas filhas, o que resulta na insatisfação das filhas com o próprio corpo [48]. Além disso, os relacionamentos mãe-filha que sejam excessivamente enredados ou que limitem a autonomia da filha também podem promover a insatisfação da filha com o corpo, além dos casos em que a mãe critica a aparência da filha. Há menos pesquisas sobre a comunicação da insatisfação com o corpo entre os homens, mas é provável que exista um padrão similar com um pai que seja crítico de seu próprio corpo ou do corpo de seu filho, havendo maior probabilidade de criar um filho que também se sinta insatisfeito com a própria aparência.

Fazer dieta como parte de um transtorno alimentar

Fazer dietas também é central nos transtornos alimentares e pode ser algo muito problemático. Existem muitos transtornos alimentares (TA) diferentes, incluindo anorexia nervosa (AN; perda excessiva de peso), bulimia nervosa (BN; comer em excesso e provocar vômito), compulsão alimentar periódica (CAP; comer em excesso, mas sem provocar vômito), ortorexia (preocupação excessiva com alimentação saudável) e transtorno alimentar inespecífico (EDNOS, na sigla em inglês), um termo geral para outras formas de TA que não se encaixam nos critérios dos demais problemas [49]. Esta seção vai se concentrar na anorexia e na bulimia, que tendem a ser os transtornos mais bem conhecidos e que frequentemente geram mais preocupação. Muitas de suas características, porém, também são relevantes para outras formas de TA. Pesquisas abordaram o que são TAs e o papel de diversos fatores no seu desenvolvimento.

O que são TAs?

A AN afeta cerca de 1% das meninas e mulheres no mundo ocidental e, embora sua prevalência tenha aumentado dramaticamente entre as décadas de 1960 e 1990, ela parece ter se tornado mais estável nos anos recentes. De modo geral, existem dois tipos de AN: anorexia restritiva, que envolve restrição alimentar e não tem episódios de comer em excesso ou provocar o vômito, e anorexia com ingestão excessiva, que envolve tanto a restrição alimentar quanto episódios de alimentação em excesso ou vômito autoinduzido ou uso incorreto de laxantes, diuréticos ou enemas. A BN afeta duas vezes mais pessoas que a AN, embora muitas pessoas com BN não entrem em contato com profissionais de saúde, pois esse é um transtorno muito mais particular, em que os afetados muitas vezes conseguem levar uma vida aparentemente normal. As pessoas com BN em geral têm peso normal e mantêm esse peso com os processos de comer em excesso e de provocar vômito. Os TAs têm graves implicações de saúde: a AN tem uma alta taxa de mortalidade devida à desnutrição (mais alta que qualquer outro problema psiquiátrico) e está associada com problemas do sistema cardiovascular e do sistema nervoso, depressão e ansiedade, e a BN está associada com suicídio, adicções e problemas digestivos. Todas as pessoas com TAs, incluindo AN e BN, restringem sua ingestão de alimentos como um meio de controlar o peso e, portanto, fazer dieta é uma parte importante de seu comportamento.

As causas dos TAs

Algumas pesquisas destacaram um papel da genética, embora o impacto da genética não seja de modo algum claro e muitas pessoas com um TA não tenham nenhum histórico familiar. Outras pesquisas destacaram um papel da dinâmica familiar, enfatizando relacionamentos enredados, limites fracos e o papel importante das mães. Além disso, algumas teorias enfatizam os sintomas dos TAs como uma forma de comunicação em que as pessoas com TAs usam sua perda de peso, sua inanição e sua evitação extrema de alimentos como um meio de comunicar que algo está errado. Outra teoria destaca o papel do pensamento defeituoso e de problemas de controle e perfeccionismo, com as pessoas mostrando um pensamento "preto no branco" e uma crença de que, a menos que possam controlar o peso, elas não terão controle nenhum.

A teoria leiga mais comum sobre os TAs, porém, é que eles são um produto da insatisfação com o corpo, provavelmente causada pela mídia, que desencadeia o comportamento de fazer dieta. Alinhado com isso, argumenta-se que a perda de peso causada pelas dietas é, então, reforçada pelos outros ("Você perdeu peso") ou por um sentimento de poder e controle ("Eu consegui alguma coisa"), o que significa que a pessoa acha difícil parar [50]. As evidências indicam que a maioria das pessoas que desenvolvem um TA apresentam insatisfação com o corpo e fizeram dietas no passado, e assim existe claramente um vínculo. As evidências também mostram, no entanto, que a vasta maioria daqueles que sentem insatisfação com o corpo e depois fazem dieta não desenvolve um TA. Os transtornos alimentares estão, portanto, ligados a fazer dieta, uma vez que a ingestão alimentar restritiva tem um papel importante nesses problemas e pode, algumas vezes, contribuir para o início de um TA. Existem também muitos outros fatores que contribuem para um TA, e fazer dieta é apenas um deles.

Dessa maneira, as pessoas fazem dietas por muitas razões. Todas essas abordagens diante das dietas têm implicações para a saúde física e psicológica e o bem-estar.

CONSEQUÊNCIAS PARA A SAÚDE FÍSICA

Fazer dieta muda nossa saúde física de diversas maneiras.

Perda de peso

Quando bem-sucedidas, as dietas podem levar a perda de peso, e as evidências indicam que cerca de 60% das pessoas que fazem dieta perdem peso nos primeiros seis meses. Esse número aumenta para cerca de 70% com alguma forma de acompanhamento sustentado por parte de um profissional de saúde. Uma revisão recente das evidências pelo NICE,[1] porém, indica que, por um ano, aqueles que receberam melhor gerenciamento comportamental do setor público ou de serviços de mudança de comportamento de gerenciamento de peso do setor privado, como NHS, Vigilantes do Peso ou Slimming World mostraram uma perda de peso média de 2,22 kg [51]. Do mesmo modo, uma revisão dessas intervenções focalizando a ingestão de alimentos e a atividade física mostrou uma média de 1,56 kg a menos de recuperação de peso em um ano em comparação aos grupos de controle [52]. Além disso, um estudo com os encaminhados a uma empresa comercial de perda de peso por meio do NHS indicou que, enquanto dois terços perderam menos de 5% do seu peso corporal, um terço perdeu mais de 5% depois de pelo menos iniciar um programa de doze semanas [53]. Sempre existe variação em relação a esses números, no entanto, com algumas pessoas perdendo mais peso e outras perdendo menos. Em termos de cirurgia, pesquisas usam a porcentagem de perda de excesso de peso ou de mudança no IMC como a principal medida e indicam que, por um ano, a porcentagem média de perda de excesso de peso é de cerca de 40% com uma banda gástrica e 60% para a gastroplastia em Y-de-Roux (*bypass* gástrico). Em dez anos, isso se reduziu para 50% de perda de excesso de peso e cerca de 10% a 20% dos pacientes mostraram recuperação significativa de peso [41, 54]. No caso da medicação combinada com modificação comportamental, durante um

1 Instituto Nacional de Excelência no Cuidado à Saúde, no Reino Unido [N.E.].

ano de acompanhamento, a perda média de peso foi 1,8 kg maior que a de um grupo de controle usando placebo [52].

Estado de saúde

Embora as perdas de peso possam parecer pequenas depois de tentativas de fazer dieta, as evidências indicam que, quando as pessoas têm sobrepeso, mesmo uma perda de peso de 10% provoca uma redução dramática no risco de doença cardíaca e AVC, uma reversão do diabetes tipo 2 (de modo que uma pessoa pode começar a regular seus próprios açúcares no sangue novamente) e uma redução no risco de cânceres relacionados ao peso, como câncer de mama e câncer endometrial em mulheres [55, 56].

Mortalidade

Ter sobrepeso está fortemente ligado a expectativa de vida mais curta. Perder peso pode aumentar a expectativa de vida, desde que o novo peso seja mantido.

Sintomas

Independentemente da mortalidade e de condições de saúde mais sérias, a perda de peso também melhora a saúde física diária de uma pessoa por meio da redução de sintomas como falta de ar, dor nas costas e nos joelhos e suscetibilidade a pequenas infecções.

Efeito "ioiô" e recuperação de peso

Infelizmente, embora a maioria das pessoas que fazem dieta consiga perder peso inicialmente, muitas recuperam o peso em um período de cinco anos. Algumas pesquisas sugerem que ter alguns períodos em sua vida em que você pesou menos, mesmo que esse peso tenha sido recuperado, pode ser mais saudável, da mesma maneira que parar de fumar por um mês ou mesmo um ano dá aos pulmões tempo para se recuperar [56]. Outras pesquisas indicam, porém, que o efeito "ioiô" ao fazer dieta (isto é, ter grandes flutuações de peso) pode ser prejudicial – até mesmo mais prejudicial que permanecer em um peso mais alto, mas estável [57]. Isso porque, quando uma pessoa perde peso, muitas vezes ela perde músculo e gordura, mas quando ganha peso, ela recupera proporcionalmente mais gordura, o que a torna não só mais pesada, mas com mais gordura corporal no decorrer do tempo. Por sua vez, isso tem um efeito negativo sobre a saúde cardiovascular, pode piorar a condição de gordura no fígado e exacerba o risco de diabetes. Seria uma pena se isso impedisse as pessoas de tentar perder peso, mas é um indicativo do lado negativo de fracassar em uma dieta.

CONSEQUÊNCIAS PARA A SAÚDE PSICOLÓGICA

Fazer dieta também tem muitas consequências psicológicas e, de novo, isso muitas vezes depende de a dieta levar ou não à perda de peso e de se essa perda de peso é sustentada ou não.

Estado de espírito, confiança e imagem corporal

A perda de peso pode levar a um estado de espírito melhor e à redução da ansiedade e da depressão. As pessoas que perdem peso também relatam aumento na autoconfiança e melhoria da imagem corporal, embora isso possa algumas vezes levar tempo, pois as pessoas precisam internalizar seu novo tamanho corporal e, algumas vezes, afirmam ter comprado roupas que são grandes demais enquanto aprendem a fazer as pazes com sua forma corporal. Porém, quando o peso é recuperado, essas melhorias raramente são mantidas e, algumas vezes, as pessoas dizem se sentir pior do que antes, pois acham que fracassaram e ficam decepcionadas consigo mesmas.

Identidade

Quando a dieta é bem-sucedida, muitas pessoas descrevem uma sensação de "renascer", de ter "uma segunda chance" ou de ser uma "nova pessoa" e se sentir "libertada". Essa mudança na identidade pode resultar em uma mudança de trabalho, um novo relacionamento ou na determinação de viver a vida ao máximo. Isso algumas vezes também leva as pessoas a se tornarem porta-vozes da perda de peso, a criarem sua própria empresa de dietas ou a se tornarem muito apaixonadas por exercício e alimentação saudável. O mais interessante é que as pessoas que têm essa mudança em sua identidade também parecem ter maior probabilidade de manter a perda de peso no longo prazo, pois têm mais de si investido no sucesso.

Preocupação com comida

Em seu cerne, fazer dieta envolve não comer as comidas que as pessoas querem comer, e quer isso signifique evitar grupos alimentares inteiros, comer ainda menos calorias ou simplesmente comer menos, sempre significa também algum nível de negação. Em consequência, muitas pessoas que fazem dieta desenvolvem uma preocupação com a própria coisa de que estão tentando se afastar: comida. Isso é um paralelo com a "teoria dos processos irônicos de controle mental" descrita por Wegner. Em seu estudo inicial, ele pediu a grupos de pessoas para pensar em um urso branco ou para *não* pensar em um urso branco e, então, para tocarem uma campainha se tivessem esse pensamento. Previsivelmente, aqueles a quem se disse para não pensar no urso branco tocaram a campainha [58]. Isso tem sido chamado de efeito paradoxal, pois tentar não pensar em algo faz as pessoas pensarem mais naquilo, e é exatamente o que acontece com muitas pessoas quando fazem dieta. Para a maioria, a preocupação com a comida assume a forma de pensar sobre comida por um tempo desproporcional. Para outras pessoas, isso pode se tornar mais patológico, levando a TAs como AN ou BN.

Comer demais

Às vezes, fazer dieta pode resultar em comer menos e perder peso. Mas para muitas pessoas, tentar comer menos muitas vezes resulta em comer mais. Isso pode assumir a forma de comer demais de modo compensatório, quando as pessoas simplesmente comem a quantidade ou os tipos de alimentos que estão evitando. Algumas vezes, porém, isso pode também resultar em comer em excesso. Isso tem sido chamado de efeito "perdido por um, perdido por mil" e acontece quando as pessoas sentem que quebraram a dieta ao comer um alimento que não era permitido quando estão desanimadas e comem demais para se animar, ou depois de beber álcool, quando a resistência fica mais baixa [59]. Comer demais pode então fazer as pessoas se sentirem pior consigo mesmas, o que, por sua vez, pode diminuir a autoestima e desencadear a culpa, o que pode levar a comer demais novamente quando as pessoas usam a comida para gerenciar suas emoções.

EM RESUMO

Fazer dieta envolve tentar comer menos como um meio para perder peso e pode ser uma resposta a ter sobrepeso ou estar obeso, à insatisfação corporal ou até mesmo a um TA. Fazer dieta tem implicações para a saúde física e psicológica, e, quando a dieta é eficiente, as pessoas mostram melhorias nos riscos de doenças como doença cardíaca e diabetes e uma redução em sintomas como falta de ar e dor nas articulações. Elas podem também experimentar melhorias no estado de espírito e na satisfação corporal. Às vezes, fazer dieta pode levar à perda de peso seguida da recuperação do peso, o que pode ser pior para a saúde do que apenas permanecer com sobrepeso. Também pode levar a uma preocupação com comida e a comer em excesso. Isso traz as perguntas: "Por que as dietas fracassam?" e "Quando as dietas têm sucesso?". Essas questões serão abordadas nos dois próximos capítulos.

6

POR QUE AS DIETAS FRACASSAM?

Mudar o comportamento alimentar envolve mudar o que está na nossa mente e administrar nosso ambiente para comer menos e fazer mais. Mas muitas dietas fracassam porque comer é um hábito, e os hábitos são difíceis de mudar. Este capítulo vai explorar como os hábitos são formados, o motivo de os hábitos alimentares serem tão difíceis de mudar e as razões para fracassar na dieta, em termos de gatilhos emocionais, do que está em nossa mente e dos fatores no ambiente, como gatilhos físicos e pressão social.

COMO OS HÁBITOS ALIMENTARES SÃO FORMADOS?

Os hábitos são formados por meio de quatro processos muito simples: modelagem, repetição, reforço e associação. Muitas vezes, temos um comportamento porque vemos outras pessoas agindo desse modo. Quando repetimos um comportamento várias vezes, ele se transforma em um padrão. Depois, ele se transforma em hábito se for reforçado por algo positivo, como o fato de gostarmos dele, de alguém gostar de nós quando o fazemos e de ele nos trazer uma boa sensação. Isso é verdade até mesmo para os "maus hábitos", pois eles também nos trazem uma boa sensação em algum nível. Um hábito se torna forte se for associado a algo no ambiente ou em nosso estado de espírito [60, 61]. Por exemplo, tomar café da manhã. Muitas pessoas não gostam do café da manhã porque estão "cansadas demais", ou dizem "fico enjoada" ou "simplesmente não consigo comer nada de manhã". Isso acontece porque o comportamento normal delas não é comer, e comer logo de manhã parece estranho. Mas depois, se alguém começar a tomar café da manhã na frente delas, e se algum fator puder levá-las a tomar café da manhã todos os dias por algumas semanas, um novo padrão logo vai se estabelecer (repetição). Elas vão começar a se sentir mais alertas e vão passar alguns minutos todas as manhãs sentadas calmamente tomando café da manhã (reforço), e esse novo comportamento será desencadeado ao ver a geladeira, sentir o cheiro da torrada de alguém ou simplesmente levantar da cama (associação). *Não* tomar café da manhã então vai começar a parecer estranho, pois um novo comportamento normal foi estabelecido.

Esses hábitos são todos estabelecidos desde tenra idade e se tornam tão enraizados em nossa vida diária e nas coisas que dizemos sobre nós mesmos que exigem muito pouco pensamento ou esforço para fazer, mas muito esforço para mudar.

POR QUE OS HÁBITOS SÃO DIFÍCEIS DE MUDAR?

Os hábitos são difíceis de mudar porque, em última instância, no momento de executar qualquer comportamento, os benefícios superam os custos. Assim, embora comer um bolo possa aumentar seu problema de peso, o prazer de sentir o sabor e a textura na hora de comer o bolo cancelam o medo de ter um ataque do coração quando você tiver 60 anos. Os hábitos são, portanto, o resultado de uma análise simples de custo-benefício e, principalmente, de não conseguirmos pensar com clareza sobre o futuro; assim, os benefícios imediatos quase sempre superam os custos futuros. Esse processo é facilitado por diversos fatores, como segue, que estão na nossa mente ou no ambiente.

O que está em nossa mente

Existem muitos fatores em nossa mente que dificultam a mudança dos hábitos alimentares.

Gatilhos emocionais: como os hábitos foram criados pela associação do comportamento com diversos gatilhos, eles são difíceis de mudar, pois a todo momento encontramos um gatilho que evoca um comportamento específico. Alguns desses gatilhos estão em nossa mente, como nosso estado de espírito (por exemplo, sentir-se esgotado) e são, portanto, muito difíceis de evitar, pois estão conosco em todos os lugares e é muito trabalhoso ignorá-los. E como esses hábitos precisam de pouco pensamento, em grande parte do tempo nem mesmo temos consciência do que estamos fazendo ou de como nossas emoções estão determinando quais alimentos comemos.

Abstinência e sentimentos de preocupação e estresse: os hábitos são parte de nossa vida cotidiana e, portanto, quando não escovamos os dentes, não tomamos café da manhã ou não comemos biscoitos à tarde, nós nos sentimos desconfortáveis e um pouco estressados. Essa sensação é desagradável e aprendemos rapidamente que ela pode ser evitada se seguirmos nosso hábito. Assim, não comer biscoitos parece estranho, mas isso pode ser resolvido com alguns biscoitos. E o hábito permanece ao se tornar a solução do problema criado ao tentar mudá-lo. É um círculo vicioso. Mas é a mudança no hábito que nos deixa estressados, não a ausência do comportamento. E se começamos a perceber que o sentimento de estresse ou preocupação é simplesmente "abstinência" e só ficará pior no longo prazo se cedermos e usarmos o hábito para nos livrar dele, então começamos a quebrar o hábito em si.

Roteiros em nossa mente: desde tenra idade, nós desenvolvemos roteiros em nossa mente sobre o que gostamos e o que não gostamos de fazer, quem somos e o que fazemos. Esses roteiros vêm das pessoas ao nosso redor, especialmente nossos pais, que nos dizem se somos pessoas boas ou ruins. Por exemplo, algumas pessoas têm roteiros mentais negativos que dizem: "Estou sempre atrasado", "Sou um problema", "Sou egoísta", "Nunca dou o máximo de mim" ou "Sou burro". Outras pessoas podem ter roteiros mais positivos que lhes dizem: "Sou gentil", "Sou atencioso", "Trabalho duro", "Sempre persisto nas coisas" e "Sou esperto". Em termos de hábitos alimentares, esses roteiros tornam a mudança muito difícil se dizemos a nós mesmos: "Tenho um problema com comida", "Comer é minha única muleta na vida" ou "Tenho uma personalidade de viciado". Embora alguns desses roteiros possam parecer "verdadeiros" e refletir como as pessoas realmente se comportam, eles dificultam a mudança, pois quebrar um hábito antigo significa não só mudar o comportamento, mas também mudar a própria maneira como uma pessoa se enxerga. E isso é difícil.

Negação e efeito "rebote": quando as pessoas tentam mudar seus hábitos, elas estão geralmente tentando parar de fazer algo que ainda querem fazer. Assim, as pessoas em dieta gostam de batatas fritas, mas tentam não as comer, e as que estão tentando ser ativas prefeririam estar no sofá, mas tentam se arrastar para uma aula de exercício. Isso torna difícil mudar o comportamento, porque sempre introduz um elemento de negação, e os seres humanos têm dificuldade de negar a si mesmos algo que desejam e que está disponível. Além disso, o processo de negação torna o comportamento que estamos tentando negar a nós mesmos ainda mais atraente e desejável do que era antes, o que pode criar um efeito "rebote". Assim, se dizemos a nós mesmos "Hoje eu não vou comer bolo", automaticamente pensamos mais sobre bolo, não menos. Então, porque estamos pensando mais sobre bolo, mas não podemos comê-lo, queremos ainda mais conforme o dia passa. Finalmente, quando cedemos e comemos bolo, não só agora queremos mais do que de manhã, mas acabamos comendo mais bolo porque nós o negamos durante todo o dia. Esse é um efeito muito poderoso que significa que, ao proibir a comida e ao nos colocarmos em negação, paradoxalmente comemos mais do que teríamos comido se não tivéssemos negado o bolo em primeiro lugar. Isso é chamado de efeito "pé na jaca" [59].

Uma identidade desafiada: embora as pessoas que têm sobrepeso possam não gostar disso e querer ser mais magras, a identidade delas muitas vezes está ligada a seu tamanho corporal. Quando elas começam a perder peso, isso pode ser recompensador, pois podem se sentir mais saudáveis e podem ver a mudança de sua forma corporal. Mas com isso vem um desafio à sua identidade conforme sentem a pressão de si mesmas e dos outros para que sejam alguém diferente. Nesse ponto, algumas pessoas "sabotam" suas dietas, pois a nova versão mais magra de si mesmas pode ser percebida como uma ameaça. Isso pode levar a comer demais e à recuperação do peso.

Crenças sobre preferências alimentares: as preferências alimentares são aprendidas a partir do momento que nascemos, por meio de exposição a diferentes alimentos; aprendizado por modelagem e observação dos outros; e associação entre os diferentes alimentos e alguns lugares e sentimentos. Nossas preferências alimentares estão, portanto, enraizadas e dão a sensação de estarem fixadas como um padrão em nossas línguas. Fazer dieta pode envolver comer menos dos alimentos que comemos geralmente. Mas algumas vezes pode envolver experimentar novos alimentos, o que pode ser um desafio para nossas crenças sobre os alimentos de que gostamos ou não. Então, se comemos chocolate ou bolo no lanche da tarde, a dieta pode simplesmente cortar esses alimentos. E se comemos grandes porções de espaguete à bolonhesa no jantar, então uma dieta envolveria uma porção menor. Mas uma dieta pode também envolver encontrar um substituto para o chocolate ou o bolo, como frutas, e se comemos muitas batatas fritas, então uma dieta poderia envolver passar a comer arroz ou batatas cozidas. No entanto, se acreditarmos que não gostamos desses alimentos, então a dieta será difícil de seguir. E será mais difícil estabelecer os novos hábitos.

Vício cruzado: Muitas pessoas usam a comida para regular suas emoções e, quando estão fazendo dieta, elas precisam encontrar uma fonte alternativa de apoio. Idealmente, isso deveria acontecer por meio de exercício, conversas com amigos, idas ao cinema ou leitura de um livro. Mas alguns precisam de um substituto mais substancial, e isso pode levar ao vício cruzado. Pesquisas sobre o impacto da cirurgia bariátrica indicam que os pacientes podem desenvolver uma gama de dependências depois da cirurgia, entre as quais tabagismo, alcoolismo, vício em compras ou em sexo. Em termos de perda de peso, alguns desses são provavelmente bem úteis, mas o álcool contém grande quantidade de calorias ocultas e pode sabotar as tentativas de fazer dieta, provocando recuperação do peso. Isso pode levar ao efeito "pé na jaca" se as pessoas perderem o controle e, portanto, comerem demais.

Os hábitos alimentares são, portanto, difíceis de mudar em virtude de diversos fatores internos em nossa mente. Essa mudança também é dificultada por gatilhos no ambiente.

Gatilhos no ambiente

Comer está associado a muitos aspectos diferentes de nosso ambiente, que podem nos levar a comer mais mesmo quando estamos tentando comer menos.

Gatilhos físicos

Alguns gatilhos ambientais são físicos, como a lata de biscoitos, a geladeira, os pacotes de salgadinhos cuidadosamente colocados nos supermercados ou a máquina de petiscos no trabalho, que provocam compras e alimentação sem consciência. E como no caso dos gatilhos emocionais, grande parte desse comportamento habitual ocorre sem pensar: aqueles que comem demais e comem biscoitos com uma xícara de café no lanche da tarde fazem isso porque parece normal, e não o fazer não parece certo. Esses gatilhos físicos, porém, ao contrário dos gatilhos emocionais, podem ser evitados se fizermos pequenas mudanças em nossa rotina diária ou mudarmos nosso ambiente.

Pressão social

Nossos comportamentos estão intrinsecamente ligados a outras pessoas e muitas vezes são centrais para o modo como construímos nossos relacionamentos. Assim, podemos ter um amigo no trabalho com quem comemos bolo de tarde, um marido que gosta de nos presentear com chocolates ou filhos com quem gostamos de sair para tomar sorvete. Então, se tentarmos mudar nossos comportamentos, essas outras pessoas em nossa vida podem objetar e nos pressionar para nos comportarmos como sempre fizemos. O marido vai se sentir rejeitado se não comermos os chocolates, nosso amigo vai se sentir solitário comendo o bolo sozinho e nós vamos perder as fofocas, e o sorvete vai parecer menos atraente. As pessoas gostam que continuemos como sempre fomos, pois isso faz com que se sintam seguras. Se mudarmos, então elas sentem que têm de mudar, e isso é perturbador. Assim, a pressão social sempre aumenta para manter o *status quo* quando alguém tenta quebrar um hábito. Eu me lembro de uma mulher, certa vez, que participou da minha pesquisa e tentava perder peso. O marido dela, uma pessoa muito desagradável, queria que a esposa perdesse peso e costumava dizer "Aí vem a elefanta" sempre que ela se preparava para dormir. Ela fez uma dieta e estava indo muito bem. Ele começou a lhe dar chocolates. Acho que ela o deixou.

EM RESUMO

Os hábitos são um produto de modelagem, repetição, reforço e associação e são difíceis de mudar porque muitas vezes estão enraizados há um longo tempo. Eles ilustram uma análise simples de custo-benefício e, no momento de realizar o comportamento, os benefícios imediatos sempre vão superar os custos de longo prazo. Isso significa que as dietas muitas vezes fracassam porque as pessoas não conseguem mudar esses hábitos. Além disso, mudar os hábitos alimentares é ainda mais difícil em virtude de fatores como gatilhos emocionais, negação e abstinência e gatilhos ambientais, que provocam alimentação sem consciência ou pressão social de outras pessoas que desejam que continuemos iguais. Mas, algumas vezes, as dietas funcionam! Isso será abordado no próximo capítulo.

7

DIETAS BEM-SUCEDIDAS

Embora fazer dieta seja difícil, algumas pessoas têm sucesso. As pesquisas tomaram três abordagens diferentes para explorar por que algumas pessoas conseguem perder peso e manter a perda. Primeiro, alguns estudos identificaram histórias de sucesso e usaram métodos qualitativos para explorar como essas pessoas conseguiram manter a perda de peso. Segundo, outros estudos usaram métodos quantitativos para comparar aqueles que conseguiram sucesso com aqueles que foram menos bem-sucedidos. Finalmente, alguns estudos usaram dados de intervenções em grande escala para explorar quais fatores preveem a manutenção da perda de peso no longo prazo. Este capítulo descreverá os resultados dessas três abordagens diferentes e, depois, as reunirá para encontrar temas comuns que formam a base de dietas bem-sucedidas.

ABORDAGEM 1: HISTÓRIAS DE SUCESSO

Nos últimos anos, pesquisadores realizaram uma série de estudos qualitativos com entrevistas em profundidade para explorar os relatos daqueles que perderam peso e mantiveram a perda. Essas histórias indicam os tipos de fatores associados ao sucesso [39, 62-66].

Acontecimentos de vida

O sucesso na perda de peso e na manutenção da perda muitas vezes parece ocorrer depois que as pessoas tiveram algum tipo de acontecimento na vida. Elas se referem a esses acontecimentos de muitas maneiras, como "ver a luz", "uma epifania", "chegar ao fundo do poço", "um ponto de virada" ou apenas um momento em que o padrão normal da vida está abalado e os hábitos podem ser quebrados mais facilmente. Para alguns, pode ser o fim de um relacionamento, uma mudança de trabalho, uma mudança de casa, atingir um marco como um aniversário importante ou simplesmente sair de férias. Por exemplo, uma mulher descreveu como o fim de seu casamento ofereceu a ela a oportunidade de perder peso:

> Eu simplesmente tive de examinar minha vida [...] Eu passei pelo fim de um casamento, mas ainda tenho filhos [...] É simplesmente algo dentro de você que diz que você tem de se resolver. Acho que perder peso foi a coisa mais difícil e mais importante que já consegui. (Jackie)

Para alguns, pode ser ficar sem ar ao subir as escadas ou receber o diagnóstico de doença cardíaca. Um homem descreveu uma versão muito grave de uma crise de saúde:

> Suponho que tenha sido como uma nova vida para mim [...] quando você sabe que vai morrer, e quando eu saí do coma. [...] Acho que foi a primeira vez na minha vida que eu realmente quis perder peso. (Tanvir)

Acontecimentos específicos, portanto, parecem tornar mais fácil mudar como comemos e perder peso. Em parte, isso acontece porque esses acontecimentos podem abalar o padrão de nossa vida. E isso também ocorre porque eles oferecem uma oportunidade de reinventar quem somos e de redefinir a nós mesmos de maneiras melhores e mais saudáveis.

Não é simplesmente o acontecimento, mas a maneira como ele nos faz pensar a respeito da nossa vida. Por exemplo, um de nossos participantes, Matthew, disse isto depois de um ataque cardíaco:

> Eu cheguei ao ponto em que sabia que ia morrer e que isso era o ponto de virada. Eu sabia que ia morrer a menos que fizesse algo a respeito. E depois, eu só comecei a agir, e acabou dando certo.

Mas isso foi depois de seu quarto ataque do coração, aos 37 anos. O primeiro, o segundo e o terceiro ataques não haviam tido o mesmo impacto. Outros fatores tiveram de estar envolvidos. Agora eles serão considerados.

Reconhecer que o comportamento é o problema

Muitas pessoas que têm sobrepeso acreditam em uma causa biológica de seus problemas de peso, dizendo: "Isso é um problema na minha família", "Tenho metabolismo lento", "Eu nasci assim", "São os meus hormônios" ou "Meu diabetes me torna obeso". Embora exista alguma evidência de que o peso é, em parte, influenciado pela biologia e por forças além de nosso controle, essa maneira de pensar não nos ajuda a mudar nosso comportamento, pois acreditamos que não há nada que possamos fazer. Por exemplo, se você acredita que seu ataque cardíaco foi causado por "trabalhar demais", você não vai seguir conselhos para "fazer mais exercício", mas vai preferir descansar e relaxar. Do mesmo modo, se você acredita que "Eu tenho sobrepeso por causa da minha biologia", você não vai tentar comer menos, pois isso não encaixa. Assim, nós só adotamos soluções para um problema se elas encaixam com nossas crenças sobre a causa. Isso é exemplificado por um de nossos participantes que nunca conseguia perder peso e manter a perda:

> Eu nasci acima do peso e sempre serei obeso. [...] Fui uma criança gorda e, depois, um adolescente gordo e um adulto gordo, e meu peso nunca diminuiu; ele sempre só aumentou. [...] Nunca tive um peso normal. (Jack)

Em contraste, as pessoas que tiveram sucesso em perder peso e em manter a perda têm um modelo mais comportamental da causa de seu problema de peso ("Eu como demais") e da solução ("Preciso comer menos"). O modelo delas é coerente e enfatiza o comportamento. Por exemplo, um participante que perdeu peso e manteve a perda descreveu como seu problema tinha sido causado por

> beber demais [...] comer para me confortar [...] morar em uma casa onde sempre havia comida demais à disposição [...] terminar a comida que as crianças deixavam sobrar. (David)

Algumas vezes, essa mudança em direção a um modelo comportamental do peso corporal pode ser desencadeada pelo próprio acontecimento de vida ou pode acontecer por meio de algo que a pessoa leu ou viu, ou como resposta a uma intervenção de um profissional de saúde. Por exemplo, se alguém reconhece que perdeu peso da última vez que ficou doente e ganhou peso enquanto estava de férias, o vínculo entre comer e o peso começa a ficar mais claro.

Subverter a análise de custo-benefício

Quase todos os comportamentos são governados por uma simples análise de custo-benefício, e o comportamento alimentar não é exceção. A perda de peso bem-sucedida parece acontecer quando os benefícios dos antigos hábitos pouco saudáveis não mais superam os custos, e às vezes isso pode ser o resultado do acontecimento de vida. Por exemplo, se alguém perde o emprego, essa pessoa não terá mais os benefícios de comer algum petisco da máquina nem de ir almoçar com os colegas. Do mesmo modo, se o casamento acaba, a comida não precisa mais ser o modo de gerenciar um relacionamento problemático. Um participante que perdeu peso descreveu como isso aconteceu quando ele terminou com sua "namorada monstra":

> Antes de terminarmos, eu ficava feliz e aí nós tínhamos uma briga ou algo assim e eu pensava: "Ah, não importa, vou sair e comer no McDonald's". (Peter)

Mas, depois de terminar, ele disse:

> Voltei a morar com a minha família, estava saindo mais com meus amigos. [...] Eu queria ter uma boa aparência. Eu queria ficar bem quando estivesse sem roupa, era o que eu costumava dizer a mim mesmo.

O acontecimento de vida tinha afastado sua necessidade de comer demais (pois ele não estava mais discutindo com sua namorada) e mudado o lugar em que morava e as pessoas com quem vivia.

Trazer os custos para o aqui e agora

As pessoas são muito boas em descontos futuros e vão ignorar os custos futuros em favor dos benefícios do aqui e agora. No caso da alimentação, isso pode ser problemático, pois os benefícios de comer são sempre imediatos, enquanto os custos ocorrem sempre nos próximos meses e anos. Às vezes, os acontecimentos de vida podem alterar o momento dos custos e dos benefícios, fazendo os custos parecerem mais imediatos. Por exemplo, se o acontecimento de vida for uma crise de saúde, como um ataque cardíaco ou um diagnóstico de diabetes, os custos de uma alimentação pouco saudável não estão mais no futuro, mas foram trazidos para o aqui e agora, o que torna mais difícil ignorá-los. Este também é o caso com o estabelecimento de metas alcançáveis, como comer regularmente ou cozinhar refeições em vez de petiscar. Uma meta assim pode ser ajudada pela autopesagem, pois permite que o indivíduo ganhe recompensas regulares por seguir seu plano alimentar. Como disse uma das nossas participantes:

> Vou me pesar todas as semanas. Hoje é a nossa noite, e eu vou para ser pesada mesmo estando no turno da noite. Eu sei que o meu peso será diferente porque estou no turno da noite. Eu vou me pesar mesmo assim porque não quero me afastar da minha meta. (Frances)

Uma dieta bem-sucedida, portanto, não tem a ver apenas com alterar a análise de custo-benefício, mas também com alterar o momento desses fatores.

Investimento no sucesso

A perda de peso pode ser um trabalho extremamente árduo, pois envolve a mudança de hábitos que estiveram arraigados por toda a vida, existir em um estado de negação, perder eventos sociais e mudar a forma como as pessoas levam sua vida cotidiana. Às vezes é difícil entender como, depois de passar por tudo isso, as pessoas colocam o peso de volta no corpo apenas para ter de recomeçar a luta. Mas felizmente, em muitos aspectos, não somos bons em lembrar episódios difíceis de nossa vida e, com o tempo, essas memórias desaparecem, o que é útil para eventos traumáticos, mas não é útil para fazer dieta, pois as pessoas voltam aos hábitos antigos, e o peso é recuperado. A manutenção da perda de peso parece mais provável de ocorrer após a perda de peso inicial se as pessoas reconhecerem e puderem lembrar como foi difícil esse estágio inicial. Como disse uma mulher:

> Trabalhei muito para me livrar dele. [...] Não quero que ele volte. (Kerri)

Uma participante descreveu como usava fotos suas como um meio para lembrar como perder peso tinha sido difícil:

> Tenho fotos de como eu era expostas no quarto. Eu as prendi na geladeira e também dentro do armário para me lembrar [...] quando penso "Ah, eu posso comer alguma bobagem", e aí eu penso "Não. Você não vai começar com isso de novo". (Emily)

Essa é uma forma de investimento que, se enfatizada, armazenada, focalizada e mantida em primeiro plano, pode ajudar na manutenção da perda de peso. Existem muitas estratégias que podem ser usadas para fortalecer o senso de investimento, como manter um diário, preencher um *checklist* de dificuldades ou escrever uma lista de dificuldades e colocá-la em um lugar público.

Uma nova identidade e o processo de reinvenção

As pessoas que fazem dietas bem-sucedidas parecem desenvolver uma nova identidade em torno de serem pessoas mais magras e saudáveis, o que dificulta a recuperação do peso perdido, pois isso não está mais alinhado com o modo como elas se veem. Para alguns, esse novo senso de identidade pode ser incorporado à vida existente, mas para muitos envolve um processo de reinvenção e o estabelecimento de uma nova forma de ser que se manifesta em se tornar um instrutor de ginástica, um *personal trainer*, um nutricionista ou um organizador de um grupo de perda de peso, ou ainda em participar de triatlos ou maratonas. Nossos participantes têm chamado isso de muitas formas, entre elas "um novo começo", "um renascimento", "um novo eu" e "uma última chance". Como disse um homem:

> Eu me sinto mais confiante. [...] Estou menos constrangido e não fico mais envergonhado e a linguagem corporal mudou. [...] Eu posso só me recostar na cadeira e falar. [...] Eu sinto que tenho uma nova vida, novas chances, novas oportunidades. Sou uma nova pessoa. [...] É um renascimento de verdade. (Michael)

E depois de essa nova identidade ter sido criada, isso torna muito mais provável que qualquer perda de peso seja mantida.

Fim da alimentação emocional

Ter sobrepeso pode muitas vezes resultar da alimentação emocional e de a comida ser usada para regular nossas emoções. Como disse um dos nossos participantes sobre a comida:

> Eu costumava usá-la muito para controlar minhas emoções, embora, é claro, isso não acontecesse e ainda piorasse. A comida não é

> amiga, mas é um apoio emocional. [...] Tenho um relacionamento de amor e ódio com a comida. (Peter)

As pessoas que obtém sucesso na dieta falam de encontrar mecanismos alternativos para lidar com as emoções, que podem incluir fazer exercício, conversar com amigos, cantar, tocar um instrumento musical ou encontrar um novo hobby. Como disse uma mulher:

> Eu tomo banho de banheira e estou aprendendo a lidar de outro modo com minhas emoções [...]. (Krista)

E outra disse:

> Você ainda pensa sobre isso [comida], porque não quer voltar ao ponto em que estava, e então você pensa, o que você precisa fazer é ocupar a mente, sair para caminhar, porque quando está caminhando não pode abrir a porta da geladeira, ou seja, é um caso de ocupar a mente. (Chris)

Encontrar um mecanismo alternativo para lidar com as emoções não é fácil, e diversos participantes descreveram sua luta para encontrar comportamentos alternativos:

> Se você usava a comida como conforto, como seu cobertor de segurança, como seu amigo, então como você lida com isso se não pode usar mais a comida? Não existe um mecanismo para mim de como lidar com as coisas sem comer. (Rich)

E, para algumas pessoas, o comportamento alternativo escolhido também pode ser pouco saudável. Como disse um de nossos pacientes depois da cirurgia bariátrica:

> Depois da cirurgia, eu certamente mudei para o álcool porque não podia comer. [...] Era cada vez mais fácil beber para preencher a necessidade em mim. (Mandi)

Uma nova rotina alimentar

Parte da perda de peso de longo prazo é o estabelecimento de uma nova rotina mais saudável que possa persistir para sempre em vez de apenas no curto prazo. Como descreveu uma mulher que teve sucesso com a dieta:

> Você tem de mudar a maneira como come para toda a vida. Não é só, sabe, por um tempo, é para sempre. Você tem de fazer uma mudança permanente, e foi isso que eu fiz. (Mary)

Diversas histórias de sucesso envolvem uma ampla gama de hábitos alimentares novos e diferentes. Não existe um hábito alimentar que sirva para todas as pessoas. Porém, o mais comum quando a perda de peso é mantida está associado ao consumo de uma dieta mais saudável que tenha mais frutas e vegetais e menos calorias. Como disse uma mulher:

> Eu como mais salada, mais vegetais, mais picles. [...] Como pratos de vegetais cozidos e muita salada. Eu gosto disso. Uso raiz-forte de vez em quando. Algumas vezes uso molho de chili [...] Tudo que eu como agora é integral ou natural. (Jane)

Uma mulher também descreveu como seus próprios hábitos alimentares saudáveis influenciaram o resto da família:

> Não vamos mais ao McDonald's nem comemos pizza. Costumávamos ir ao Greggs para comprar donuts e não fazemos mais isso. [...] Eu e minha família somos saudáveis agora. (Angela)

As dietas bem-sucedidas parecem estar ligadas a novos hábitos que podem ser sustentados no longo prazo, o que também envolve mudar os hábitos dos outros.

Sentir-se no controle

Muitas pessoas que perderam peso e mantiveram o peso atingido descrevem um novo senso de controle sobre a comida. Para aqueles que têm usado abordagens dietéticas mais tradicionais, isso vem do desenvolvimento de novos hábitos, da redução do hábito de comer por motivos emocionais devida a novas estratégias alternativas de superação e de uma mudança em suas crenças sobre a comida e o papel que ela tem na vida. Isso também se reflete em se sentir capaz de ter um nível de controle flexível em vez de ver a comida como proibida:

> Temos nossos pequenos agrados. Eu como biscoitos [...] Não me sinto privada de nada. Se quero um chocolate, posso comer. Só preciso contar. Posso ainda comer muitos dos pratos que costumava comer e fiz um café da manhã especial nesta semana. O fato de que eu posso comer tudo isso é gostoso e sinto que estou comendo pratos normais, não comida de dieta. (Emily)

As pessoas que perderam peso por meio de cirurgia bariátrica também relataram uma mudança no controle.

Para muitas pessoas, esse novo senso de controle foi paradoxalmente resultado de sentir que as escolhas alimentarem tinham sido tiradas delas, pois a cirurgia limitava sua ingestão de alimentos. Chamei isso de "paradoxo do controle", pois, ao tirar o controle, a cirurgia pode fazer as pessoas se sentirem mais no controle:

> Agora sinto que o controle foi tirado das minhas mãos. Eu não tinha esse controle sobre o meu corpo porque meu estômago controlava tudo. Se eu comer demais, fico enjoada, e assim não tenho mais o controle [...] Isso é bom porque eu não podia me controlar sozinha. (Jenny)

As pessoas não têm de fazer cirurgia para se sentir desse jeito. Simplesmente não levar comida para casa pode ajudar.

Esperança

O fator final que parece se relacionar com a perda e a manutenção bem--sucedidas do peso é a esperança. A maioria das pessoas leva sua vida cotidiana de um modo habitual e enxerga sua vida futura como muito parecida com o passado e o presente. Não há nenhum problema nisso para aquelas pessoas que estão saudáveis e felizes, podendo levar a contentamento e bem-estar. Mas, no caso das pessoas que não estão felizes, isso leva a um impasse. Um modo de sair desse impasse é encontrar um senso de esperança de que existe outro futuro possível que é diferente e melhor que aquele mapeado durante anos. Para quem está fazendo dieta, esse senso de esperança pode vir ao ouvir histórias de sucesso de outras pessoas, ao assumir crédito completo pelos momentos na vida em que mudaram seu comportamento ou ao monitorar o próprio comportamento para achar pequenos sinais de mudança que dão esperança de que é possível mudar. Uma das nossas pacientes descreveu o momento em que percebeu que havia esperança de que seu futuro poderia ser melhor que seu passado, e isso envolveu ver uma imagem de seu corpo durante um exame no hospital:

> Meu cirurgião ortopédico fez um escaneamento do meu corpo [...] Ele disse "existe o seu corpo, existe você e existe toda a sua gordura...". E disse aos meus filhos "olhem, tem uma mamãe pequena ali dentro tentando sair". Foi quando eu decidi ir em frente. (Rob)

Para essa mulher, a imagem de uma versão "minieu" de si mesma trouxe esperança, que, por sua vez, resultou em mudança de comportamento e perda de peso.

Relatos em profundidade de histórias de sucesso são uma abordagem para descobrir os mecanismos por trás de dietas bem-sucedidas e indicam diversos processos. A segunda abordagem para entender as dietas bem-sucedidas é comparar as pessoas que perderam peso e mantiveram a perda com aquelas que recuperaram o peso. Isso será considerado agora. Vários elementos comuns podem ser vistos entre essas duas abordagens.

ABORDAGEM 2: DIFERENÇAS ENTRE PESSOAS QUE FIZERAM DIETAS BEM-SUCEDIDAS E PESSOAS QUE NÃO TIVERAM SUCESSO

Nas décadas mais recentes, diversos estudos quantitativos usando questionários e amostras maiores foram publicados explorando as características daqueles que conseguiram perder peso e não o recuperaram em comparação com as pessoas que voltaram a ganhar peso. Parte dessa evidência vem do National Weight Control Registry (NWCR – Registro de controle de peso nacional), nos EUA, um banco de dados estabelecido em 1993 que consiste de mais de 10 mil indivíduos que tiveram uma perda de peso de mais de 13,6 kg que foi mantida por mais de um ano. Embora essa não seja uma amostra representativa, pois não inclui as pessoas que não tiveram perda de peso ou que recuperaram o peso dentro de um ano, ela fornece algumas informações úteis sobre as dietas bem-sucedidas [67-73]. Por exemplo, depois de cinco anos, os pesquisadores compararam as pessoas que haviam recuperado o peso perdido e aquelas que haviam mantido a perda de peso e destacaram os papéis cruciais do aumento da atividade física, da redução da ingestão de gordura, do aumento das restrições da dieta (isto é, esforços de dieta), de um gatilho médico significativo e da manutenção de um esquema de alimentação durante toda a semana, em vez de uma abordagem mais flexível em relação à dieta [73].

Do mesmo modo, realizei um estudo em 2000 [74] para explorar as diferenças entre obesos estáveis, pessoas que recuperaram o peso e pessoas que mantiveram a perda de peso e para identificar papéis das variáveis de perfil, fatores históricos, comportamentos de busca de ajuda e fatores psicológicos. Em particular, as pessoas que mantiveram a perda de peso eram mais velhas, fizeram dietas por mais tempo, tinham menos peso no início, relataram níveis mais altos de alimentação saudável (sem contar calorias), mostraram um endosso mais baixo a uma causa médica para seus problemas de peso e um endosso mais forte às consequências psicológicas de ter sobrepeso (por exemplo, imagem corporal) e afirmaram que estavam motivadas a perder peso por motivos psicológicos (por exemplo, autoestima e confiança).

Uma revisão da literatura que explora as dietas bem-sucedidas com um foco nas diferenças entre grupos [75] também destacou diversas estratégias associadas com o sucesso, como obter uma maior perda de peso inicial, atingir uma meta de peso autodeterminada, ser fisicamente ativo, fazer refeições regulares durante o dia, incluindo o café da manhã, alimentar-se de modo saudável, mostrar controle sobre o excesso de alimentação, automonitorar o comportamento, ser motivado por razões internas, ter boas estratégias de superação e ter um senso de controle, autonomia e responsabilidade.

Finalmente, um estudo meu e de meu colega [76] testou diretamente alguns dos fatores identificados por nossa pesquisa de histórias de sucesso para explorar se os resultados desses estudos qualitativos poderiam ser suportados pela pesquisa quantitativa em uma amostra maior. Os resultados desse estudo indicaram que aqueles que fizeram dietas bem-sucedidas e mantiveram a perda de peso relataram uma maior incidência de acontecimentos de vida, uma crença nas soluções psicológicas (não médicas) para seus problemas de peso e um senso de novos comportamentos mais saudáveis que têm mais benefícios que os antigos comportamentos prejudiciais. Parece claro que existem muitos pontos em comum entre esses fatores e os ilustrados pelos estudos qualitativos que exploram histórias de sucesso.

ABORDAGEM 3: PREVER DIETAS BEM-SUCEDIDAS NO DECORRER DO TEMPO

A abordagem final para entender as dietas bem-sucedidas tem explorado os preditores da manutenção de perda de peso no decorrer do tempo. Um estudo usou os dados do NWCR, mas com um período de acompanhamento de dez anos, e descobriu que 87% ainda mantinham uma perda de pelo menos 10% de seu peso corporal inicial naquele período [67]. Os autores também descobriram que as perdas de peso maiores e a duração mais longa da manutenção da perda de peso estavam relacionadas a aumento de atividade física no tempo de lazer dessas pessoas, níveis mais altos de restrição alimentar, aumento de autopesagem, ingestão menor de gorduras e número reduzido de episódios de ingestão exagerada de alimentos.

Porém, a maioria dos outros relatórios envolveu a síntese de diversos estudos usando revisões sistemáticas e metanálises. Por exemplo, Stubbs et al. (2011) agruparam dados de diversas revisões e estudos individuais de variáveis de pré-tratamento e de meados de tratamento e destacaram que dietas bem-sucedidas estavam associadas a peso base mais elevado, gênero masculino, pouca perda de peso ao participar de uma intervenção, pouco comparecimento em intervenções de perda de peso, maior duração do tratamento, maior suporte social, automonitoramento de comportamentos, estabelecimento de metas, taxa mais lenta de alimentação e aumento de atividade física [77]. Do mesmo modo, Teixeira et al. (2015) identificaram fatores associados a controle de peso em um período médio a longo e destacaram a importância de motivação autônoma, habilidades de autorregulação, autoeficácia, automonitoramento e imagem corporal positiva [78]. Por fim, uma análise abrangente explorou os preditores de perda de peso em doze meses e relatou os papéis importantes de contagem de calorias, contato maior com um dietista e uso de estratégias que envolviam comparação com os outros [79].

QUAIS FATORES COMUNS SE RELACIONAM A UMA DIETA BEM-SUCEDIDA?

Usando as três abordagens já descritas, existem claramente diversos fatores que se sobrepõem e reaparecem que estão ligados a dietas bem-sucedidas. Eu os reuni na Tabela 7.1.

Tabela 7.1 Entendendo dietas bem-sucedidas

Histórias de sucesso	Diferenças	Preditores de sucesso	TEMAS GERAIS
Acontecimentos de vida	Acontecimentos de vida, gatilhos médicos		ACONTECIMENTOS DE VIDA
Modelo comportamental	Modelo médico reduzido		AS COISAS PODEM MUDAR

Esperança de que as coisas possam mudar	Consequências e motivações psicológicas		
Subvertendo custos e benefícios de dieta e atividade física	Novos benefícios de ser saudável	Comparação social. Melhor autoimagem	ANÁLISE DE CUSTO--BENEFÍCIO
Mudança do momento de custos e benefícios	Estabelecimento de metas, objetivos autodeterminados	Autopesagem, comparecimento à intervenção, apoio social, duração do tratamento, contato com dietista	
Investimentos feitos até o momento	Mais tentativas de fazer dieta, perda de peso inicial	Perda de peso inicial	INVESTIMENTOS FEITOS ATÉ O MOMENTO
Novo esquema de alimentação	Café da manhã, alimentação saudável, gordura reduzida, rotina consistente. Atividade física	Contagem de calorias, diminuição de gordura. Atividade física	NOVO CONJUNTO DE COMPORTAMENTOS
Senso de controle	Automonitoramento, responsabilidade, dietas aumentadas	Automonitoramento, motivação autônoma, dietas aumentadas, redução de alimentação exagerada, autoeficácia	CONTROLE RENOVADO
Menos alimentação emocional	Boa superação	Autorregulação	
Nova identidade e reinvenção			NOVA IDENTIDADE

Além de variáveis como ser homem, ser mais velho e ter um peso corporal inicial mais alto, que parecem se relacionar com sucesso, mas são fixas, essa análise ilustra que existem sete fatores principais que podem ser usados para explicar como algumas pessoas conseguem perder peso e não o recuperar. Primeiro, dietas bem-sucedidas muitas vezes são **desencadeadas por um acontecimento de vida** ou gatilho médico que abala o mundo da pessoa e oferece uma chance de mudança. Se a pessoa também acreditar em um modelo comportamental de seu problema de peso e tiver esperança de que as **coisas podem mudar,** isso torna a mudança inicial mais provável. Além disso, as dietas bem-sucedidas também estão ligadas a uma **mudança na análise de custo-benefício** dos comportamentos saudáveis, que podem ser trazidos por estratégias como estabelecimento de metas, autopesagem e contato com uma intervenção formal ou dietista, que não só capacitam comportamentos mais saudáveis para ter mais benefícios, mas também trazem esses benefícios para o aqui e o agora, tornando-os mais sustentáveis. A seguir, as pessoas que fazem uma dieta bem-sucedida também parecem precisar fazer um **investimento** inicial na mudança e também focar nesse investimento como uma maneira de dar impulso a seu sucesso, o que é ilustrado pelos efeitos da maior perda de peso inicial e pelo papel da simples persistência e de tentativas repetitivas de fazer dieta. Por sua vez, tudo isso culmina em um **novo conjunto consistente de comportamentos**, composto por café da manhã, horários regulares de refeições, alimentação saudável e ingestão reduzida de gordura, além de aumento da atividade física. Isso também é apoiado por um **senso de controle renovado**, algumas vezes criado por meio do automonitoramento e ilustrado pela melhoria da dieta e pela redução de alimentação exagerada. Finalmente, as dietas bem-sucedidas também parecem ser alcançadas por meio do desenvolvimento de uma **nova identidade** e de um processo de reinvenção, no centro do qual está um eu mais saudável e mais magro.

EM RESUMO

As dietas bem-sucedidas têm sido exploradas usando três abordagens diferentes. Estas têm diversos fatores comuns que parecem facilitar a perda de peso sustentada. Eles envolvem um gatilho inicial, a crença de que as coisas podem mudar, uma mudança no relacionamento de custo-benefício para alimentação e exercício, um novo conjunto de comportamentos, um senso de controle e uma nova identidade. O truque, porém, é fazer esses fatores acontecerem em vez de apenas descrevê-los. Esse é o foco dos capítulos finais deste livro.

8

ALGUMAS ESTRATÉGIAS PARA MUDAR O COMPORTAMENTO

O fracasso nas dietas é um produto de fatores que estão em nossa mente, como gatilhos emocionais, retirada, negação e efeito "rebote"; crenças sobre preferências alimentares e outras dependências; e aspectos do ambiente, como gatilhos físicos e pressão social. Uma dieta bem-sucedida parece ser o resultado de acontecimentos de vida, crença de que as coisas podem mudar, alteração na análise de custo-benefício de se alimentar bem, investimento na perda de peso inicial, senso renovado de controle, novos hábitos alimentares e nova identidade como uma pessoa mais saudável e mais magra. Conseguir uma perda e uma manutenção de peso bem-sucedidas é uma questão de evitar esses fatores que levam ao fracasso e maximizar os fatores que contribuem para o sucesso. Isso envolve mudança de comportamento. Este capítulo descreverá algumas estratégias úteis que podem ser usadas para mudar o comportamento. O Capítulo 9 mostrará então como essas estratégias podem ser aplicadas para maximizar as chances da perda e da manutenção do peso bem-sucedidas.

DESAPRENDER O COMPORTAMENTO

Qualquer comportamento – quer seja falar, andar ou comer – é aprendido pelos quatro mecanismos principais de modelagem (observar os outros), repetição (fazer várias vezes seguidas), reforço (qualquer fonte de recompensa) e associação (estar ligado a fatores internos, como estado de espírito, ou fatores externos em nosso ambiente). Portanto, mudar o comportamento envolve desaprender o comportamento antigo e aprender o novo comportamento usando esses mesmos mecanismos das seguintes maneiras:

Modelagem: podemos mudar nosso comportamento observando as pessoas que nos rodeiam e nos concentrando nos comportamentos que desejamos copiar. Pode ser o comportamento de familiares, amigos, profissionais de saúde, professores, colegas de trabalho ou até mesmo pessoas que vemos à distância na mídia, em revistas ou na TV. Portanto, se quiser mudar seu comportamento, é útil se rodear de pessoas que se comportam da maneira desejada para que você se relacione com quem tem comportamentos mais saudáveis e tente desconsiderar as pessoas que não fazem isso. Isso é conhecido como modelagem, aprendizagem por observação ou aprendizagem social.

Repetição: o melhor preditor do comportamento futuro é o comportamento passado, pois somos criaturas de hábitos [60, 61]. Mas muitas vezes o estágio difícil é, em primeiro lugar, transformar um comportamento em um hábito. Portanto, em vez de depender dos processos mais inconscientes de um hábito no início da mudança do comportamento, é necessário apenas ficar repetindo um comportamento várias e várias vezes para que ele comece a parecer mais normal. Isso pode ser facilitado usando os mecanismos de reforço e associação.

Reforço: um comportamento também tem mais probabilidade de ocorrer novamente se for reforçado ou recompensado de alguma maneira. Isso pode acontecer se alguém sorrir para você, elogiá-lo ou demonstrar contentamento, por meio de autorrecompensa sob a forma de adesivos em uma tabela de adesivos, ganhar ou poupar dinheiro ou simplesmente autoelogio. Seja qual for o modo como ocorra, o elogio ajudará a fazer o novo comportamento acontecer novamente. E o reforço positivo é sempre muito mais efetivo que a crítica, que muitas vezes só diminui a autoestima ou o estado de espírito das pessoas em vez de mudar o comportamento.

Associação: qualquer comportamento será associado a fatores internos, como estado de espírito, ou a aspectos externos do ambiente. A mudança de comportamento, portanto, envolve criar novas associações de modo que o comportamento mais novo e mais saudável se torne mais positivo e o antigo e menos saudável se torne mais negativo. Isso pode ser obtido buscando imagens de doenças e as colocando perto de imagens de alimentos não saudáveis; encontrando imagens de uma vida saudável e as colocando perto de imagens de alimentos saudáveis; criando a associação de fast food com sensações de estar empanturrado, cansaço, náusea e gosto ruim; aprendendo a associar comer bem com sensações de saúde e bem-estar; e combinando as sensações de estar ao ar livre e se exercitar com energia renovada.

Portanto, os mecanismos de modelagem, repetição, reforço e associação podem ser usados para desaprender um comportamento. Para uma dieta bem-sucedida, isso poderia envolver certificar-se de passar mais tempo com pessoas que comem bem e se exercitam e dar atenção às pessoas ao seu redor que têm hábitos mais saudáveis (em vez de se concentrar naquelas que não têm); obrigar-se, a princípio, a começar um novo hábito alimentar e depois repeti-lo, mesmo que não queira; recompensar-se sempre que possível por tudo que faça que seja mais saudável, quer seja só tentar mais, pensar sobre comer bem ou realmente comer bem; e obrigar-se a ser mais ativo e a tentar estabelecer associações positivas entre seus novos hábitos alimentares e ideias positivas, como saúde, felicidade, longevidade, boa imunidade e diversão.

MUDAR AS COGNIÇÕES

O comportamento não é só impelido pelos mecanismos descritos anteriormente, mas também pelas cognições, que também podem ser mudadas. Por exemplo, podemos comer fast food porque pensamos "Cozinhar leva tempo" ou "Cozinhar ficou tão complicado atualmente, eu nunca vou ser como um daqueles chefs na TV", e podemos comer demais porque pensamos "Minha vida é tão estressante! Comer é o único modo que conheço para me sentir melhor". Pesquisas mostram que as cognições podem ser mudadas por meio do uso de "perguntas socráticas", que envolvem a busca de evidências para verificar se uma dada cognição é realmente apoiada por algo. Por exemplo, se alguém disser "Ninguém gosta de mim", então busque evidências de pessoas que gostam dele; se disser "Eu sempre fracasso", então busque evidências que mostrem que algumas vezes ele teve sucesso; e se disser "Se eu não puder ser o melhor, eu sou um inútil", encontre evidências de que ele é bom o suficiente, e tudo bem com isso. Essas perguntas socráticas formam a base de um processo chamado reestruturação cognitiva, que, junto com os mecanismos de desaprender comportamentos, é a essência da terapia cognitivo-comportamental (TCC), que é usada em inúmeros contextos e é um modo efetivo de mudar o comportamento [80].

Uma abordagem adicional que pode ser usada para mudar o comportamento se apoia nos fundamentos da TCC e é chamada de prevenção de recaída. Ela tem sido usada principalmente para mudar comportamentos de adicção. A prevenção de recaída envolve numerosas estratégias, entre elas relaxamento, definição de um contrato e treinamento de habilidades, mas o conceito que tem mais relevância para as dietas é o efeito de violação da abstinência [81]. Esse efeito descreve o estágio entre um lapso inicial (isto é, comer um biscoito) e uma recaída completa (isto é, comer todo o pacote de biscoitos) e oferece uma análise de como tornar uma recaída menos provável. Especificamente, a abordagem argumenta que uma recaída se torna completa se o indivíduo se culpa e experimenta um senso de dissonância cognitiva devido à lacuna desconfortável entre como ele se vê (isto é, alguém que está fazendo dieta) *versus* seu comportamento real (isto é, alguém que acabou de recair). O argumento é que a melhor intervenção é incentivar as pessoas a encontrar outra coisa em que pôr a culpa, como a situação (isto é, "Eu estava em uma festa", "Alguém me ofereceu", "Eu tive um dia difícil"). Desse modo, a pessoa não culpa a si mesma, a dissonância é reduzida e ela pode voltar para a dieta e evitar a recaída. Esse processo encontra um paralelo na noção do efeito "perdido por um, perdido por mil" na literatura sobre dietas e é uma abordagem útil para a mudança de comportamento.

ENCONTRAR SENTIDO

A vida está cheia de eventos positivos e negativos, mas o modo como nos sentimos sobre nossa vida muitas vezes se relaciona ao sentido que damos ao nosso mundo, e não ao que está objetivamente acontecendo conosco. Além do mais, temos dificuldade de lidar com incerteza e probabilidade e, assim, procuramos padrões naquilo que vemos, fazemos e vivenciamos. Isso resulta em um processo de encontrar sentido que é central para nossa saúde, pois influencia as histórias que contamos a nós mesmos sobre o que fazemos ("Eu como para me animar"), quem somos ("Sou preguiçoso") e de onde viemos ("Eu sou igual a meus pais"). Encontrar sentido é crucial para a mudança de comportamento de duas maneiras.

Em primeiro lugar, tendemos a desenvolver histórias coerentes sobre a causa e a solução para qualquer problema. Assim, se acreditamos que "Tenho sobrepeso por causa dos meus hormônios", então também vamos acreditar que "Preciso de um remédio para me ajudar a perder peso. Não há nada que eu possa fazer". Mudar nosso comportamento não faria sentido dentro desse modelo de nossa saúde. Do mesmo modo, se acreditamos que "Meus joelhos doem porque estou fazendo demais", aí a solução óbvia é fazer menos e evitar a causa da dor. Porém, se acreditamos que "Eu tenho sobrepeso porque como demais" ou que "Meus joelhos doem porque não me exercito o bastante", comer menos e fazer mais pareceriam as soluções perfeitas. Essa necessidade de coerência, portanto, determina as soluções que as pessoas têm maior ou menor probabilidade de adotar [82]. A mudança de comportamento requer uma mudança nas crenças sobre causas que incluam o comportamento como forma de incentivar a adoção de soluções comportamentais. Isso pode ser conseguido usando a TCC, como descrito anteriormente.

Em segundo lugar, também desenvolvemos histórias sobre como estamos nos sentindo e, muitas vezes, somos impulsionados a restabelecer o *status quo* depois de qualquer mudança, de modo a nos sentirmos bem de novo. Por exemplo, se algo dá errado em nossa vida, como o fim de um relacionamento, um diagnóstico ruim ou a perda de um emprego, nos sentimos perturbados. Como resultado, contamos a nós mesmos a história de que isso foi um acidente em nossa vida e que tudo será melhor depois de voltarmos ao lugar onde estávamos antes de isso acontecer, para que possamos começar a nos sentir normais de novo. Essa necessidade de restabelecer o equilíbrio é um mecanismo de superação poderoso e ajuda a manter um senso de estabilidade [83]. Em alguns momentos, no entanto, esse impulso pode ser prejudicial se significa perder uma oportunidade de mudança. Em termos de comportamento, mudanças no *status quo* podem oferecer uma chance de mudança, mas precisam ser acolhidas e vistas como uma oportunidade em vez de uma ameaça, e a tentação de retornar ao modo como éramos antes precisa ser superada. Isso também pode ser conseguido com a TCC e tentativas de mudar a maneira como uma pessoa encontra sentido no mundo.

FAZER PLANOS

Uma das maneiras mais simples de promover a mudança de comportamento é estabelecer metas e fazer planos. Os planos devem ser claros e específicos, descrevendo o quê, o onde e o quando de cada comportamento. Na psicologia, isso algumas vezes é chamado de "intenções de implementação" e se refere a metas como "Vou comer peixe e arroz no almoço ao meio-dia amanhã" em vez de "Vou comer de modo mais saudável". Na literatura de saúde mais ampla, os melhores objetivos são aqueles que consideram os fatores SMART (inteligentes, em inglês): específico, mensurável, atingível, relevante e oportuno (*Specific, Measurable, Attainable, Relevant and Timely*). Pesquisas indicam que o estabelecimento de metas pode ajudar a mudar uma gama de comportamentos relacionados à saúde [84]. Eles podem se tornar ainda mais efetivos se essas metas forem compartilhadas com outras pessoas e forem públicas. Isso pode formar a base de um contrato psicológico entre uma pessoa e sua família ou amigos ou profissional de saúde, o que torna mais difícil abandoná-los.

AUMENTAR A MOTIVAÇÃO

Os profissionais de saúde muitas vezes usam o modelo dos estágios de mudança para descrever a prontidão de seus clientes para a mudança. Esse modelo descreve cinco estágios diferentes: pré-contemplação (não pensar sobre a mudança), contemplação (pensar sobre a mudança), preparação (começar a se preparar para a mudança), ação (fazer a mudança) e manutenção (manter a mudança), com uma possível recaída (voltar ao comportamento antigo) [85]. Embora esse modelo tenha sido criticado de diversas formas, é uma maneira útil de descrever as pessoas no início de qualquer intervenção de mudança de comportamento e levou a dois desenvolvimentos cruciais para essa mudança. O primeiro é a noção de uma intervenção em estágios, o que simplesmente significa que qualquer intervenção deve corresponder à prontidão da pessoa para a mudança. Portanto, se alguém ainda está no estágio de pré-contemplação, provavelmente não vale a pena tentar levá-lo à mudança. O segundo é que a abordagem dos estágios de mudança resultou no desenvolvimento da entrevista motivacional, muito comumente usada para mudar comportamentos e fazer as pessoas passarem para o estágio seguinte [86]. A entrevista motivacional se concentra na noção de dissonância cognitiva, que é a sensação desconfortável que as pessoas têm quando há uma disparidade entre o modo como se veem e como estão se comportando [87]. Por exemplo, se você se vê como gentil, mas acabou de ser ríspido, terá uma sensação de dissonância cognitiva. Da mesma maneira, se você pensa "Sou uma pessoa sensata que cuida de si mesma", mas também "Como demais e estou ficando doente", sentirá uma dissonância. Algumas terapias tentam afastar a dissonância usando reasseguramento. A entrevista motivacional faz o oposto e tenta piorar a dissonância com base na premissa de que esse aumento levará as pessoas a mudarem suas ações. Isso é atingido pedindo às pessoas que descrevam os custos e os benefícios de seu comportamento e, depois, repetindo isso para elas para que possam ver a lacuna entre um conjunto de crenças sobre si mesmas e o que estão fazendo. Assim, se você tem sobrepeso, pode pensar "Gosto de comer muito, pois isso me ajuda a lidar com as emoções" *e também* "Meu peso está me fazendo sofrer". Se esses pensamentos discordantes lhe forem então repetidos, você deveria pensar "Está na hora de mudar minha alimentação".

A entrevista motivacional pode ser usada por profissionais de saúde para mudar o comportamento dos outros. Mas também pode ser usada para promover a automudança, especialmente se você escrever os diferentes custos e benefícios e, depois, compará-los e contrastá-los, expondo a dissonância.

USAR AS EMOÇÕES

Por muitos anos, os promotores de campanhas de saúde acreditavam que o medo fosse a melhor estratégia para mudar comportamentos, e, como resultado, as campanhas antitabagismo incluíam frases como "Fumar mata" ou "Fumar traz muitos danos à sua saúde". Essa abordagem foi estimulada pela ideia de um apelo ao medo, e as campanhas pretendiam assustar as pessoas. Para perder peso, esse apelo ao medo enfatizava primeiro os problemas de saúde: "Existe uma ameaça em ter sobrepeso", isto é, doença cardíaca e diabetes. Ele também dizia às pessoas "Você corre riscos", "Ter sobrepeso aumenta o risco de ataque cardíaco" e "A ameaça é séria: ataques cardíacos matam". Depois, isso vinha com uma condição de segurança que explicava como as pessoas podiam evitar essa ameaça: "uma ação protetiva recomendada" seria "comer menos", "fazer mais exercício". Também era dito às pessoas "A ação é efetiva", "Comer uma dieta saudável ajuda a proteger contra um ataque cardíaco" e "A ação é fácil: comer alimentos saudáveis é fácil e barato". Infelizmente, as evidências indicam que esses apelos ao medo não foram muito efetivos e que medo demais ou de menos fazia as pessoas ignorarem essas informações [88]. Em especial, parece que, quando sentem medo, as pessoas bloqueiam essas mensagens, pois elas criam uma dissonância entre como elas se veem e como se comportam, o que desafia seu senso de integridade. Esse bloqueio é realizado por meio de diversos métodos, entre eles criticar a mensagem ("Não é muito claro", "O folheto tem um projeto ruim") e questionar sua fonte ("Não se pode confiar nos cientistas") ou o mensageiro ("Você é gordo. O que você sabe sobre perda de peso?" ou "Você é magro. O que você sabe sobre perda de peso?").

Existem três soluções possíveis para o problema do bloqueio. A primeira é simplesmente identificar a quantidade "moderada" perfeita de medo e usá-la. Porém, isso é difícil, pois cada pessoa tem sua própria resposta ao medo, e julgar o nível de medo necessário em nível individual ou populacional seria praticamente impossível. A segunda abordagem é usar imagens em vez de texto. Muitas pesquisas indicam que imagens visuais são mais difíceis de bloquear que apenas um texto, pois parecem influenciar diretamente nossas emoções enquanto desviam de nossas cognições, de modo que somos incapazes de racionalizar "intelectualmente" e descartar as mensagens que elas apresentam [89]. Finalmente, também existem evidências de que mensagens negativas podem ter maior probabilidade de serem ouvidas se as pessoas forem ajudadas a se sentir bem consigo mesmas antes. Isso pode ser conseguido por autoafirmação ou incentivando a gratidão. A autoafirmação é um processo pelo qual se pede a uma pessoa que pense coisas boas sobre si mesma. Isso pode ser "Pense em dez vezes em que você foi gentil" ou "Escreva dez coisas em que você é bom". Da mesma forma, as intervenções de gratidão incentivam as pessoas a se concentrar nas coisas boas em sua vida pelas quais se sentem gratas (por exemplo, "Meus pais são bons", "Meu emprego é seguro", "Meus filhos estão bem"). Depois da autoafirmação ou de se sentirem mais gratas, as pessoas se sentem melhores consigo mesmas e, portanto, menos ameaçadas pelas mensagens que dizem que é preciso mudar o modo como se comportam [90]. Isso é similar à ideia de um "feedback sanduíche" na educação (isto é, "Parabéns por responder a pergunta, *mas* você poderia ter acrescentado mais evidências"), ao modo de comunicação recomendado para uma consulta médica (isto é, "A boa notícia é esta, mas a má notícia é aquela") e à abordagem de aconselhamento para gerenciar conflitos em relacionamentos (isto é, "Obrigada por lavar a roupa, mas seria bom se você cozinhasse de vez em quando").

Portanto, as emoções podem ser usadas para mudar comportamentos, mas os apelos ao medo não parecem ser muito efetivos sozinhos, pois as pessoas os bloqueiam. Isso pode ser resolvido ajustando o medo no nível certo ou usando imagens, autoafirmação e gratidão. Essas estratégias podem ser usadas para dietas bem-sucedidas tanto pelas pessoas que fazem dietas quanto pelos profissionais de saúde que ajudam os outros a perder peso.

AUTOMONITORAMENTO

Os hábitos geralmente estão enraizados e, portanto, acontecem com muito pouco pensamento consciente. É por isso que podemos dirigir por caminhos familiares sem realmente notar onde estamos e comer um pedaço de pão ou um saco de batatas fritas sem registrar se ainda estamos ou não com fome. Uma estratégia para evitar um comportamento subconsciente e torná-lo mais consciente é se automonitorar, o que torna nosso comportamento menos automático. Isso pode ser obtido fazendo planos, como descrito anteriormente. Mas também pode ser favorecido por truques simples, como levar uma lista de compras para o supermercado; comer na mesa com prato, garfo e faca; ou ir a um clube uma vez por semana para ser pesado. O automonitoramento pode ser problemático se resultar em hiperfoco na questão, pois as pessoas podem ficar preocupadas demais com a saúde e os sintomas corporais. Mas quando se tenta mudar um hábito, o automonitoramento pode ajudar a criar uma mudança inicial no comportamento e, portanto, a evitar um retorno aos velhos comportamentos até que o novo hábito tenha se estabelecido.

EM RESUMO

Os hábitos são difíceis de mudar, pois muitas vezes estão enraizados desde a infância e são respostas ao que está em nossa mente e aos gatilhos no ambiente. Este capítulo esboçou algumas estratégias úteis de mudança de comportamento que podem ser usadas para facilitar mudanças tanto na alimentação quanto nos hábitos de exercício, incluindo desaprender comportamentos, mudar cognições, encontrar sentido, fazer planos, aumentar a motivação, usar as emoções e se automonitorar. O próximo capítulo vai ilustrar como essas estratégias podem ser aplicadas diretamente a dietas bem-sucedidas em um kit de ferramentas para uma boa dieta.

9

UM KIT DE FERRAMENTAS PARA UMA BOA DIETA: COMO FAZER DIETAS BEM-SUCEDIDAS

Este capítulo reúne a literatura sobre dietas bem-sucedidas e fracassadas, com uma gama de estratégias de mudança de comportamento para descrever a melhor abordagem para uma boa dieta. Portanto, precisamos mudar o modo como pensamos e o que fazemos de maneiras que sejam sustentáveis pelo resto de nossa vida, tornando o sucesso muito mais provável e, ao mesmo tempo, evitando as ciladas que levam ao fracasso. Em última instância, tudo isso envolve a criação de novos hábitos saudáveis que acabarão se tornando tão difíceis de mudar quanto os não saudáveis. Acredito que isso pode ser alcançado por meio de uma abordagem de cinco passos, como ilustrado na Tabela 9.1.

ETAPA 1: ENCONTRAR O GATILHO PARA A MUDANÇA

A perda e a manutenção de peso bem-sucedidas muitas vezes são desencadeadas por um acontecimento de vida. No entanto, não podemos fazer os acontecimentos de vida ocorrerem, o que é problemático se estivermos tentando promover dietas bem-sucedidas. Mas, muitas vezes, em nossa vida cotidiana, existem miniacontecimentos, como dores, uma mudança no que podemos e não podemos fazer, um aniversário ou celebração especial, uma mudança de local ou de rotina provocada por um feriado, um novo emprego ou uma nova casa, um comentário dos outros ou mesmo apenas uma mudança na vida das pessoas que nos rodeiam. E tudo isso oferece potencial para mudança. A tendência é deixar que esses momentos passem e restabelecer um senso de normalidade acomodando-se de novo em seu modo normal de pensar. Mas o truque é identificar uma dessas mudanças em sua vida como um acontecimento em potencial, pensar sobre ela, se concentrar nela, escrever sobre ela ou contar aos outros sobre ela e usá-la como uma oportunidade para mudança. Na medicina, esses são chamados de "momentos ensináveis", e os médicos podem usá-los para transmitir para os pacientes a mensagem de que algo precisa mudar. Na vida, nós podemos criar nossos próprios momentos ensináveis ao nos concentrarmos em uma oportunidade para mudança e transformá-la no gatilho de que precisamos para que as coisas sejam diferentes no futuro. Isso pode ser alcançado ao compreender a importância de encontrar sentido e ver qualquer acontecimento que rompa a rotina de nossa vida como uma oportunidade, não como uma ameaça.

Tabela 9.1 Kit de ferramentas para uma boa dieta: uma abordagem de cinco etapas

Dietas bem-sucedidas	5 etapas para uma dieta bem-sucedida	Um kit de ferramentas estratégicas
ACONTECIMENTOS DE VIDA	1. Encontrar o gatilho para a mudança	Recontextualizar ameaça como oportunidade
AS COISAS PODEM MUDAR ANÁLISE DE CUSTO-BENEFÍCIO INVESTIMENTOS FEITOS ATÉ O MOMENTO	2. Mudar o que está em nossa mente	Reestruturação cognitiva Buscar evidências Recontextualizar histórias sobre causa e soluções Encontrar novos modelos de comportamento Concentrar-se em histórias de esperança Reforço Associações Uso de imagens Automonitoramento Fazer planos Estabeler metas atingíveis Focar nos sintomas atuais

NOVO CONJUNTO DE COMPORTAMENTOS	3. Criar um novo conjunto de comportamentos	Modelagem Repetição Reforço Associações Planejamento Automonitoramento Recontextualizar comida como refeições, não petiscos Uso de imagens
	4. Gerenciar o ambiente	Planejamento Automonitoramento Evitação
CONTROLE RENOVADO NOVA IDENTIDADE	5. Pavimentar o caminho adiante	Automonitoramento Comportamento consciente Culpa externa Autocompaixão Recontextualizar fracasso como uma oportunidade de mudança

ETAPA 2: MUDAR O QUE ESTÁ EM NOSSA MENTE

A maneira como você pensa pode ajudar sua dieta a fracassar ou a ter sucesso. Para perder o peso e manter essa perda, você precisa primeiro acreditar que as coisas podem mudar, depois mudar a análise de custo-benefício de um estilo de vida mais saudável e, finalmente, concentrar-se no investimento que fez nos estágios iniciais da perda de peso. Isso pode ser atingido das maneiras a seguir.

Acreditar que as coisas podem mudar

Muitas pessoas se voltam para modelos biológicos do peso e acreditam que "Isso é coisa da minha família", "É genético", "É causado pela minha diabetes" ou "São os meus hormônios". Todos esses modelos podem gerar sentimentos de desesperança e impotência que resultam em não fazer nada. De fato, não importa se essas crenças têm ou não alguma verdade, mas se uma pessoa quiser perder peso, então ela tem de acreditar que pode; para fazer isso, ela tem de acreditar que seu peso é um produto do que faz e que aquilo que faz pode mudar. E isso pode ser atingido por meio de reestruturação cognitiva e do uso de TCC ou por meio da busca por novos modelos de comportamento.

As pessoas também podem usar a TCC em si mesmas. Então, se você pensa "Meu peso é causado pela minha genética e não há nada que eu possa fazer sobre isso", pergunte-se: "O meu peso já diminuiu?" e "O meu peso já aumentou?". Se a resposta for "No ano passado, eu engordei durante as férias na Espanha" e "Eu perdi peso quando fiquei resfriado", pense a seguir: "Por que isso aconteceu?". A resposta pode ser "Eu engordei na Espanha porque saíamos para jantar todas as noites, e a comida era incrível" e "Eu perdi peso quando fiquei resfriado porque fiquei de cama por uma semana e perdi o apetite". Assim, começa a ficar claro que o peso corporal está ligado ao comportamento, que comer mais resulta em ganhar peso e comer menos leva à perda de peso. Se procurar mais evidências de que o comportamento está ligado a mudanças no peso, você pode muito bem encontrar vários outros exemplos, como "Durante a gravidez eu comecei a comer mais porque estava com fome o tempo todo" ou "Quando comecei no meu emprego novo, eu engordei porque eles tinham uma máquina de petiscos" ou "Eu perdi peso antes das férias no ano passado cortando os petiscos, mas engordei quando estávamos fora porque o hotel servia café da manhã todos os dias". Por fim, fica óbvio que o peso pode mudar e que essa mudança pode ser provocada por meio do comportamento. E quando você acreditar nisso, vai se sentir menos impotente e desesperançado a respeito do seu peso e terá maior probabilidade de ser bem-sucedido.

A crença de que as coisas podem mudar também pode ser obtida buscando-se novos modelos de comportamento que possam oferecer a esperança de um novo futuro. A mídia nos rodeia com imagens e histórias de inúmeras pessoas e, em nossa própria vida, vemos, conhecemos ou ouvimos pessoas que lidam com sua vida de maneiras diferentes. Algumas dessas pessoas podem exemplificar como é difícil mudar e, em termos de perda de peso, existem exemplos infindáveis de fracasso na dieta e recuperação do peso. Mas também existem histórias de sucesso que podem ser inspirações e oferecer esperança de que a mudança é possível. O truque é se concentrar nessas histórias mais cheias de esperança, transformar essas pessoas em nossos modelos, saber delas, observá-las e falar sobre elas; depois, por meio da modelagem e de um senso renovado de esperança, isso ajudará a gerar um senso de que o sucesso é realmente possível.

Mudar a análise de custo-benefício

Explicando da maneira mais simples, nós realizamos qualquer comportamento porque, no momento, os benefícios superam os custos. Uma dieta bem-sucedida exige duas mudanças principais. A primeira é na análise de custo-benefício e a segunda é no momento dessa análise.

A análise de custo-benefício

Uma dieta bem-sucedida no longo prazo exige uma mudança na análise de custo-benefício não só para tornar os benefícios de comer bem (e menos) mais fortes que os benefícios de não comer bem (ou comer mais), mas também para tornar os custos de não comer bem maiores que os benefícios de não comer bem! (O mesmo vale para a atividade física!) **Os benefícios de comer bem** podem ser ampliados por estratégias como estabelecer um sistema de recompensas e um processo de reforço para uma grande variedade de resultados. Com essa finalidade, estabeleça uma série de metas detalhadas e atingíveis para uma ampla gama de comportamentos relacionados à mudança de peso, incluindo esforço (tentar comer bem, tentar se exercitar, lembrar-se de tentar, buscar grupos de apoio, buscar ajuda de amigos e parentes), comportamento de compras (planejar refeições, comprar ingredientes, comprar itens mais saudáveis), comportamento na cozinha (cozinhar mais do zero, comer em casa, não comer refeições prontas nem entregues em domicílio, cozinhar refeições), comportamento alimentar (cozinhar refeições mais saudáveis, comer mais frutas e vegetais, comer menos gordura, não petiscar, tomar café da manhã), mudança no peso corporal (autopesagem, perda de peso) e estado mental (estado de espírito positivo, estabelecimento de metas mais atingíveis não só para peso corporal, motivação, imagem corporal, autoestima). Então, em uma base regular, quando *qualquer uma* dessas metas for atingida, você precisa ser recompensado usando qualquer tipo de reforço que funcione para você. Pode ser um adesivo em um gráfico na porta da geladeira, dinheiro ou pedaços de macarrão em um pote, uma carinha feliz ou uma marcação em uma lista, ou um telefonema para um amigo para contar como você está indo bem. Então, quando houver adesivos, dinheiro, pedaços de macarrão, marcações, carinhas felizes ou telefonemas, isso precisa ser recompensado ainda mais usando alguma coisa "melhor", como um dia no spa, uma ida a lojas ou uma saída noturna. Da mesma maneira, você pode ter ajuda de um dietista, conselheiro, nutricionista, líder de grupo de gerenciamento de peso ou de outras pessoas que tentam perder peso como uma maneira de receber reforço para seu comportamento. Assim, o "bom comportamento" é reforçado, os benefícios de comer bem aumentam e, se houver metas suficientes, então haverá sempre algo a recompensar.

Igualmente, os **benefícios de ser mais ativo** também podem aumentar ao se estabelecer uma diversidade de metas (usar as escadas, subir a escada rolante andando, andar até o trabalho, ir para a academia, sair para correr, praticar um esporte), que também podem ser reforçadas quando forem cumpridas. Todos somos intensamente mais motivados pelo reforço positivo que pela crítica. Portanto, é um incentivo mais poderoso estabelecer metas e cumpri-las do que falhar. Assim, definindo uma gama de metas, é mais provável que algumas sejam recompensadas, tornando mais provável que o comportamento continue.

Uma mudança nessa análise de custo-benefício também envolve destacar os **custos de não comer bem** para que sejam mais facilmente superados pelos benefícios. Em geral, esses custos estão no futuro, o que os torna fáceis de ignorar (veja a seguir), mas existem algumas estratégias para torná-los mais evidentes. Um modo crucial é usar suas emoções e ver as consequências potenciais de estar acima do peso como desagradáveis, prejudiciais ou até assustadoras. Isso pode ser atingido procurando imagens de gordura corporal e de como ela rodeia e sufoca nossos órgãos ou imagens de artérias sendo bloqueadas e o dano que isso causa ao nosso coração; ler sobre os hormônios produzidos pela gordura corporal e sobre como isso nos torna mais suscetíveis ao câncer e ao diabetes ao inundar nosso útero com estrogênio ou impedir que o pâncreas funcione eficientemente; ou procurar em sites sobre trauma em articulações e como cada passo subindo escadas coloca dez vezes o peso do corpo sobre nossos joelhos, provocando dor nos joelhos e, em última instância, a deterioração da articulação. Essas imagens podem desencadear uma reação emocional que ajude a mudar a análise de custo-benefício e mudar o comportamento. Do mesmo modo, enfatizar os custos do comportamento não saudável pode gerar um senso de dissonância que é desconfortável e pode levar ao desejo de mudar a fim de remover a dissonância. Porém, o excesso de emoção negativa pode levar as pessoas à negação, fazendo-as bloquear o que não querem saber. Para evitar que isso ocorra, ajuda fazer primeiro alguma coisa para que você se sinta bem consigo mesmo. Isso poderia ser uma intervenção de autoafirmação (refletir sobre dez coisas boas em si mesmo) ou uma intervenção de gratidão (escrever dez coisas em sua vida pelas quais você é grato). Desse modo, quando buscar a informação emocional, você poderá ser mais capaz de processá-la de uma maneira mais construtiva.

O momento da análise de custo-benefício

Com muita frequência, os custos de se comportar de um modo não saudável estão longe demais no futuro e podem ser desconsiderados, pois são superados pelos benefícios mais imediatos. Uma dieta bem-sucedida exige que o **momento dos custos** de não comer bem seja trazido para o aqui e agora. Isso pode ser feito de diversos modos. Por exemplo, o significado de diferentes alimentos pode ser mudado para que as comidas não saudáveis comecem a se tornar aversivas e desagradáveis em vez de atraentes. Isso pode ser obtido mudando as associações que você faz com diferentes alimentos por meio do uso de imagens de doenças cardíacas, gordura corporal ao redor dos órgãos, cânceres ou amputações do diabetes, que farão as consequências da saúde ruim parecerem mais imediatas. Também é útil focar nos sintomas físicos atuais que você tiver: falta de ar; dor nos joelhos, quadris ou costas; dificuldade para se levantar do chão, subir escadas ou correr para pegar um ônibus. Embora possa parecer fácil desconsiderar um ataque cardíaco daqui a vinte anos, é mais difícil deixar de lado os sintomas que estão acontecendo no presente. Imagens do que compõe algumas refeições também ajudam, como a quantidade de açúcar em refrigerantes e fast food, o nível de gordura em comidas entregues em domicílio ou o número de aditivos em refeições prontas. Essa informação pode ser encontrada usando apps específicos em seu celular ou procurando na internet, e ajudará a mudar as crenças sobre os custos do comportamento pouco saudável. Além disso, pode ser útil concentrar-se na saúde ruim dos outros, seja na vida real ou na mídia, e considerar como os problemas de saúde são um produto do comportamento deles. Isso ficou especialmente aparente em 2016, com o alto número de mortes de celebridades do rock, muitas das quais tinham estilos de vida pouco saudáveis. Do mesmo modo que os modelos de comportamento positivos ajudam a criar um senso de que as coisas podem mudar, concentrar-se em outras pessoas que não se saíram tão bem pode ajudar a tornar as consequências em longo prazo de ter sobrepeso mais reais e mais difíceis de desconsiderar.

Concentrar-se no investimento

As evidências indicam que cerca de 60% das pessoas conseguem perder peso inicialmente usando numerosas estratégias de controle de peso [37]. Esse estágio inicial pode envolver um grande esforço, pois exige mudar comportamentos que muitas vezes estão enraizados desde a infância e aprender a comer de maneiras novas e diferentes. Pesquisas sugerem que uma das principais maneiras pelas quais essa perda de peso inicial pode ser traduzida em manutenção da perda em longo prazo é se concentrando no investimento necessário nesse estágio inicial de perda de peso. Sabemos pelas pesquisas com placebos que, quanto maior o esforço necessário para uma intervenção (por exemplo, uma viagem mais complicada até um curador por fé, um comprimido grande, cirurgia, pagar mais, dedicar mais tempo), mais efetiva ela é. Também sabemos que as pessoas bem-sucedidas em dietas têm mais consciência do investimento que fizeram. Portanto, o terceiro modo de que precisamos para mudar o que está em nossa mente é aumentar a sensação de que a perda de peso inicial exigiu um alto grau de investimento [91]. Para atingir isso, você poderia se automonitorar, mantendo um diário dos esforços feitos e das lutas envolvidas, usar fotos para se lembrar dos dias difíceis e de como sobreviveu a eles, contar aos outros como foi difícil e pedir que eles o lembrem disso, ou simplesmente fazer uma lista de todos os aspectos difíceis de perder peso, colocar a lista na porta da geladeira e ler para se lembrar disso.

A segunda etapa para fazer uma boa dieta, portanto, envolve mudar o que está em sua mente em termos de acreditar que as coisas podem mudar, mudar a análise de custo-benefício e se concentrar no investimento necessário para gerar uma perda de peso inicial. Essas mudanças podem ser conseguidas aplicando diversas estratégias de mudança de comportamento, como reforço, modelagem, reestruturação cognitiva, imagens, dissonância cognitiva, automonitoramento e planejamento.

ETAPA 3: CRIAR UM NOVO CONJUNTO DE COMPORTAMENTOS

As pesquisas que exploram dietas fracassadas e bem-sucedidas indicam que um novo conjunto de comportamentos é necessário para que você perca peso e mantenha essa perda no longo prazo. Esse novo conjunto de comportamentos pode ser entendido em termos de o quê, onde, quando e por que comer, como veremos a seguir.

O que comer

A mídia quer que acreditemos que as recomendações nutricionais para uma dieta saudável mudam o tempo todo e que não podemos confiar naquilo que nos dizem. Embora haja muitos debates sobre os detalhes, a ideia principal de uma dieta saudável tem sido muito consistente nos últimos trinta anos. Ela consiste em um alto nível de frutas e vegetais; um alto nível de carboidratos complexos integrais, como arroz integral, macarrão integral e pão integral; quantidades médias de proteína sob a forma de carne, peixe ou leguminosas; baixos níveis de gordura e níveis muito baixos de comidas com adição de açúcar, como bolos, chocolate e doces. Isso é o que deveria ser consumido pelas pessoas que querem manter um peso corporal saudável para evitar todas as consequências de uma dieta ruim para a saúde. Em termos de perda de peso, a mesma meta de comer de modo saudável ainda se aplica, mas, além disso, a quantidade de energia consumida precisa ser menor que a quantidade de energia que está sendo usada na vida cotidiana. Isso envolve principalmente comer menos e pode ser atingido de muitas maneiras diferentes que podem ser encontradas em todas as centenas de livros sobre dietas nas livrarias. Mas as evidências indicam que a maneira mais efetiva de comer menos de modo geral e de manter isso no longo prazo é reduzir sua ingestão de gordura comendo mais frutas e vegetais, observar (e talvez contar) sua ingestão de calorias, comer uma dieta saudável e balanceada, ter uma rotina consistente que se estenda pelos sete dias da semana, tornar-se mais ativo fisicamente e tomar café da manhã todos os dias (embora existam algumas evidências de que pular o café da manhã também pode ajudar às vezes, desde que as pessoas consigam chegar ao almoço sem compensar no meio da manhã) [92]. Dito da maneira mais simples, para perder peso você precisa comer menos do que come usualmente. As evidências indicam algumas formas como isso pode ser alcançado, mas basicamente as pessoas têm de encontrar a maneira que mais combine com o estilo de vida e as necessidades individuais delas. Não existe uma abordagem milagrosa que sirva para todo mundo. Mas gerenciar onde, quando e como você come certamente ajuda.

Onde comer

O mundo moderno facilita comer demais sem perceber conforme pegamos comida em movimento, entre reuniões ou no carro, engolimos a comida enquanto ainda estamos sentados à mesa de trabalho ou comemos de noite enquanto assistimos TV. Como resultado, muito desse comer é feito sem prestar atenção e sem pensar, e isso significa que não processamos nosso comportamento alimentar e, assim, não nos sentimos tão satisfeitos depois. Nós realizamos uma série de estudos sobre o impacto do lugar de comer sobre a ingestão de comida e descobrimos que as pessoas comem mais quando estão distraídas na frente da TV, que elas comem mais posteriormente depois de comerem um petisco enquanto andam pelos corredores e que comem menos posteriormente se estão sentadas em uma cadeira e comem em uma mesa com prato, garfo e faca do que se estão em pé e comem em uma caixa de delivery com um garfo de plástico

[93]. Na verdade, descobrimos até que elas comem mais posteriormente se a comida que ingeriram é chamada de "petisco" em vez de "refeição", mesmo quando se trata exatamente da mesma quantidade de alimento! Portanto, parece melhor estar em uma mesa para comer com mais consciência e também chamar a comida de "refeição" enquanto come. Por sua vez, isso ajuda a limitar a alimentação emocional e também permite que você automonitore o que está fazendo.

Quando comer

Nós comemos por muitos motivos além da fome, incluindo tédio, necessidade de uma guloseima, conforto ou porque os outros estão comendo. Tudo isso, novamente, pode levar a comer demais. Idealmente, para comer menos, precisamos identificar quando estamos mesmo com fome e só comer nessa hora; no entanto, isso é difícil por causa dos muitos papéis que a comida tem agora na nossa vida. Uma maneira de auxiliar esse processo é comer em horários específicos do dia e planejar quando e o que cada refeição será. Isso ajuda de várias maneiras. Primeiro, é uma forma básica de definir objetivos e ajuda a mudar o comportamento. Segundo, envolve automonitoramento, que sabota a alimentação sem consciência e incentiva menos distração. Terceiro, evita o consumo de "petiscos", que muitas vezes é desencadeado pelo ambiente. Finalmente, ajuda você a conhecer o sentimento de fome que se desenvolve entre as refeições, acolher essa sensação em vez de temê-la e aprender que uma refeição é muito mais gratificante se você estiver com fome ao comê-la.

Por que comer

Portanto, deveríamos planejar o que queremos comer, mudar onde comemos e nos sentar à mesa, chamar isso de refeição e comer em horas especificadas que foram planejadas e podem ser previstas. Por sua vez, isso inevitavelmente mudará o motivo de comermos, pois não seremos mais capazes de comer espontaneamente em resposta às coisas dentro de nossa mente ou aos gatilhos em nosso ambiente. Paradoxalmente, embora tudo isso envolva mais pensamento e organização à primeira vista, em última instância possibilitará que a comida se torne um foco menos importante e que possamos comer para viver, e não viver para comer.

Essa terceira etapa para uma boa dieta envolve estabelecer um novo esquema de alimentação, o que por sua vez pode se transformar em um novo hábito e nos levar para nossa vida futura. Isso exige mudar o que, onde, quando e por que comemos, o que por sua vez envolve uma gama de estratégias incluindo planejamento e automonitoramento para comer de uma maneira mais consciente e recontextualização da comida como refeições, não petiscos.

ETAPA 4: GERENCIAR O AMBIENTE

Nosso comportamento é claramente uma resposta ao que está em nossa mente e aos gatilhos em nosso ambiente. Idealmente, todos nós seríamos capazes de reprogramar o que está em nossa mente para podermos ignorar esses gatilhos externos e fazer apenas o que quisermos onde, quando e por que planejarmos, como descrito anteriormente. Mas, algumas vezes, isso pode ser difícil, e pode ser necessário ter ajuda extra na forma de gerenciamento do ambiente doméstico e do mundo externo.

O ambiente doméstico

Como adultos, somos os responsáveis pelo nosso ambiente doméstico. Temos o carro e o dinheiro, fazemos as compras e cozinhamos, compramos os móveis e decidimos como o dia deveria ser estruturado. Portanto, precisamos gerenciar nossa casa de uma maneira que facilite o máximo possível comer o que, quando, onde e por que planejamos. Isso pode ser alcançado de várias maneiras, mas, resumindo, a maioria envolve listas, planos, automonitoramento, objetivos e rotina! Primeiro, só comida que você planeje comer deve ser levada para casa. Se você não quiser comer algo, então não compre. Depois, planeje suas refeições para a semana, escreva uma lista de ingredientes para essas refeições (não para petiscos), compre esses ingredientes (apenas) e leve-os para casa. Pode ajudar fazer compras depois de se alimentar, não percorrer os corredores do supermercado que vendem refrigerantes, doces, chocolates ou bolos e não levar crianças pequenas para comprar comida, se possível. Em segundo lugar, você precisa escolher um lugar para comer. Idealmente, isso deveria dificultar comer na frente da TV ou do computador. Com o tempo, esse lugar precisa estar associado com a alimentação, de modo que comer em qualquer outro lugar pareça estranho. Isso vai acontecer por meio da simples repetição, o que gradualmente normaliza a ideia de comer apenas na mesa. Em terceiro lugar, você precisa então escolher quando comer. Obviamente, nossa vida moderna é ocupada, complicada e muitas vezes caótica, especialmente se muitas outras pessoas estiverem envolvidas. Mas, se possível, planeje comer três vezes por dia: café da manhã, almoço e jantar. Planeje o jantar para mais cedo em vez de mais tarde (um jantar tardio aumenta a absorção de gordura e pode perturbar o sono), coma essas três refeições em uma mesa e diga a si mesmo que está fazendo "uma refeição". Tente fazer isso o máximo possível. Aprenda que a sensação de fome que tem quando se aproxima o horário de comer é uma sensação boa, pois você vai desfrutar mais de sua refeição, e aprenda que essa sensação desaparecerá depois de você comer. Logo, comer em outros momentos do dia começará a parecer estranho, pois os horários planejados de alimentação se tornam o novo normal. Finalmente, como parte da mudança daquilo que come, você precisa comer mais frutas e vegetais, pois eles não só são saudáveis, mas também diminuem a sensação de fome e dificultam o consumo de refeições ou petiscos de alta caloria e alto teor de gorduras. Então, você precisa comprar mais frutas e vegetais e levá-los para casa, mas para que você os coma, eles precisam estar acessíveis. Embora fazer um lanche tradicional com biscoitos ou petiscos não seja uma boa ideia, pegar distraidamente algumas uvas ou uma maçã é uma boa maneira de atingir as cinco porções recomendadas por dia. Então, compre uma fruteira, encha-a de frutas e coloque-a sobre uma mesa em um local de fácil alcance.

Para algumas pessoas, porém, o ambiente doméstico pode não parecer tão controlável, caso não sejam elas que cuidem das compras e da cozinha ou se tiverem de cozinhar para outras pessoas que têm suas próprias opiniões sobre o que deve ser comido e quando isso deve acontecer. Isso pode ser problemático. Algumas soluções possíveis para esse problema envolvem incentivar os outros a ver os benefícios de comer bem e os custos de não comer bem, recompensá-los por apoiar você usando elogios e sorrisos, oferecer-se para ajudar de outras maneiras se eles puderem mudar o modo como cozinham, oferecer-se para assumir parte da tarefa de cozinhar e fazer compras e ajudá-los a ver como é importante comer bem, usando todas as técnicas já descritas.

O mundo externo

O mundo lá fora é muito mais difícil de gerenciar que o ambiente da nossa casa, e as zonas de perigo no mundo externo variam muito dependendo de onde moramos, trabalhamos, compramos e nos socializamos e também de como vivemos a nossa vida. Mas ainda existem diversas estratégias que podem limitar os modos pelos quais o mundo nos leva a comer mais e fazer menos. De novo, isso requer principalmente planos, metas, automonitoramento e rotina junto com uma boa dose de evitação. Por exemplo, alguns restaurantes vendem refeições fast food de alta caloria e alto teor de gorduras e incentivam que as pessoas comam rapidamente. Então, não vá lá. Desse modo, você não será tentado. Alguns locais de trabalho têm máquinas de petiscos, latas de biscoitos e grandes caixas de doces sempre que há algo a celebrar. Eu também recomendo sugerir que isso pare e, se não der certo, você pode encontrar um caminho no escritório para não se aproximar deles ou então colocá-los em um lugar mais afastado. A maioria dos restaurantes oferece uma grande seleção de refeições, da simples salada de acompanhamento até a refeição *gourmet* mais indulgente. E quando estamos em uma mesa cheia de amigos, com a pressão dos colegas no máximo, nossas decisões tendem a ser governadas pelos que nos rodeiam. Mas se você puder ver o menu antes, tiver tempo e espaço para planejar e, depois, conhecer o que já escolheu, você pode selecionar alguma coisa de que goste e que o satisfaça, mas que combine com a sua rotina diária, em vez de ceder a escolhas ou compras por impulso levado pelas escolhas dos outros. Por fim, os supermercados também podem ser problemáticos, com os corredores de refrigerantes, doces e biscoitos, e as padarias, com bolos recém-assados. Mas isso também pode ser gerenciado fazendo uma lista de compras detalhada (de ingredientes para refeições, não para petiscos), evitando as zonas de perigo e não comprando quando estiver com fome.

A quarta etapa de uma boa dieta, portanto, envolve gerenciar o ambiente tanto em casa quanto no mundo externo. Idealmente, todos nós teríamos estratégias cognitivas para nos ajudar a lidar com esses gatilhos, mas algumas vezes é simplesmente mais fácil (e mais efetivo) evitá-los.

ETAPA 5: PAVIMENTAR O CAMINHO ADIANTE

A etapa final para uma perda de peso bem-sucedida e sustentada envolve pavimentar o caminho adiante em direção a um senso de controle renovado e, em última instância, uma nova identidade como uma pessoa mais magra e mais saudável. Isso envolve realizar todas as etapas descritas anteriormente. Também envolve lidar com o fracasso e com um processo de reinvenção.

Lidar com o fracasso

Por mais determinado, organizado ou motivado que você esteja e por mais que tente seguir todas as estratégias sugeridas neste livro, sempre existirão momentos em que você vai comer mais do que gostaria, perder uma sessão na academia e ver que a balança começa a subir novamente. O truque é não se iludir que esses momentos não vão acontecer, mas ter um conjunto de estratégias pronto para quando acontecerem. Desse modo, um lapso não vai se transformar em uma recaída total, o efeito "perdido por um, perdido por mil" pode ser evitado e sua autoestima pode permanecer intacta. Aqui estão algumas estratégias que devem funcionar.

Planejar como lidar com uma situação de alto risco

Sempre haverá momentos e lugares mais difíceis de administrar, como um jantar, uma celebração, férias ou quando você está cansado ou desanimado. Uma forma de administrar essas situações é imaginar inicialmente quais podem ser elas, colocar-se na situação e considerar como você vai se sentir. Então, planeje o que fará e dirá. Desse modo, quando essas coisas acontecerem, você estará mais bem preparado e terá menos probabilidade de recorrer ao retorno automático para os antigos hábitos.

Culpar a situação, não você mesmo

Em alguns momentos isso não vai funcionar, e você vai comer demais ou não ser tão ativo como gostaria. Culpar-se é a reação mais comum, o que pode levar a um estado de espírito negativo e a uma baixa autoestima, o que por sua vez pode resultar em comer mais e, depois, a espiral descendente continua. A melhor solução é encontrar outra coisa para culpar: outras pessoas que cozinharam, o fato de que era um casamento, o estresse do trabalho que fez você precisar comer, o fato de que precisava de férias. Dessa maneira, você pode manter sua autoestima intacta e resolver começar de novo imediatamente.

Ser gentil consigo mesmo

Autocompaixão e autoperdão são cruciais para que as mudanças sejam sustentadas no longo prazo [94]. É importante trabalhar na maneira como você pensa e administra seu ambiente, mas, quando isso não funciona, também é importante ser gentil consigo mesmo, pois dessa maneira sua autoestima pode permanecer intacta e você terá maior probabilidade de sucesso no longo prazo. Alguns pesquisadores cunharam o termo *autolicença* para descrever as maneiras como as pessoas justificam suas escorregadas de comportamento, dizendo "Só desta vez", ou "Isso não vai prejudicar nada", ou "Volto aos trilhos amanhã". Esse nível de gentileza não é útil, pois impede que você cumpra as metas que estabeleceu. Mas o objetivo é tentar o tempo todo, manter seus planos na maior parte do tempo e, depois, nas raras ocasiões em que não conseguir, desculpar-se, entender por que isso aconteceu e seguir adiante.

Ver a situação como uma oportunidade de aprendizado, não um fracasso

Parte da autocompaixão é a maneira como você contextualiza o fracasso, e o processo de encontrar sentido é essencial para isso. Na verdade, a própria palavra *fracasso* é problemática, pois é dura e crítica, e a situação seria mais bem contextualizada como uma oportunidade de aprendizagem. Portanto, quando você não conseguir se comportar como teria desejado, avalie criticamente a situação que levou a esse escorregão, entenda o que estava acontecendo no mundo ao seu redor, reflita sobre como estava se sentindo e o que estava pensando e trabalhe para administrar melhor essa situação no futuro.

Lembrar-se de todas as suas realizações até o momento

Finalmente, tente se lembrar de tudo que você conseguiu até agora em termos do que está passando pela sua mente, da maneira como pensa e se sente sobre comida, de suas tentativas e seus sucessos em comer menos e fazer mais e de qualquer peso que tenha perdido. Concentrar-se nessas realizações permitirá que você maximize o investimento que fez em uma dieta de sucesso, o que lhe dará impulso para continuar. Isso também ajudará a manter sua confiança em sua capacidade de mudar. O primeiro estágio de pavimentar o caminho adiante envolve, portanto, aprender a gerenciar o fracasso de uma maneira positiva e construtiva a fim de vê-lo como uma oportunidade de aprendizado no contexto de tudo o que conseguiu até o momento. A etapa final é o processo de reinvenção, que é crucial para a criação de uma nova identidade.

O processo de reinvenção

Mesmo quando perderam peso, as pessoas muitas vezes descrevem como ainda se veem como obesas, como percorrem lojas de roupas *plus size*, como levam roupas grandes para os provadores e como ficam constantemente surpresas quando essas roupas não servem ou quando veem seus eus mais magros em uma vitrine. Elas também comentam que leva algum tempo para que a nova confiança se desenvolva, e que o "fantasma" do eu antigo demora para desaparecer. No entanto, as evidências indicam que dietas bem-sucedidas, que persistem no longo prazo, estão associadas com um processo de reinvenção e de criação de uma nova identidade como uma pessoa mais magra, mais ativa e mais saudável. Isso se deve provavelmente ao fato de que é muito mais fácil voltar aos antigos hábitos e recuperar o peso perdido se você ainda se vir como aquela pessoa mais pesada. Então, como a reinvenção ocorre?

Investimento

Em primeiro lugar, é crucial se concentrar nos esforços que você fez para chegar até este ponto. Nós sabemos que qualquer intervenção é mais efetiva se envolver mais esforços e, como a perda de peso envolve um grande esforço, isso merece ser reconhecido e ser um ponto de foco. Então, isso lhe dará o impulso para continuar e aumentará a relutância em voltar atrás.

Agir em público

Os planos que define para si têm maior probabilidade de ser concretizados se você também incluir os outros e lhes contar o que pretende fazer, pois isso dificulta o descumprimento deles. Do mesmo modo, os sucessos são mais difíceis de esquecer se você os celebrar em público. Então, torne públicas todas as suas realizações, quer seja comprar com mais consciência, cozinhar mais refeições, comer à mesa, ser mais ativo, caminhar mais, fazer mais, sair para correr, ir para a academia ou perder peso. E, depois, torne pública a sua determinação de continuar assim e não voltar ao passado. Desse modo, você terá feito um contrato não só consigo mesmo, mas também com todo mundo, o que torna muito mais difícil voltar atrás.

Viver uma vida nova

Finalmente, o processo de reinvenção requer que a pessoa viva a nova vida da nova pessoa que se tornou, com o fato de ser uma pessoa mais magra e mais saudável no núcleo de como ela se vê. Não é bom o suficiente pensar "Eu era obeso, mas agora estou tentando comer bem" ou "Eu me mexia muito pouco, mas agora estou tentando andar mais" ou "Estou em uma fase mais magra da minha vida, mas quem sabe, pode ser que tudo mude de novo". Em vez disso, você precisa se redefinir: "Sou o tipo de pessoa que come bem", "Ando para todos os lugares que posso e nunca uso o elevador" e "Sou uma pessoa saudável". Isso pode ser incentivado passando mais tempo com outras pessoas que também são mais saudáveis: entrando para uma academia, um grupo de caminhada ou um clube de corridas, dizendo a si mesmo que você é essa nova pessoa, dizendo aos outros como você leva a vida agora e incentivando as pessoas próximas a ajudá-lo com essa nova identidade. Outra coisa útil é buscar modelos de comportamento entre as pessoas que se reinventaram dessa maneira no longo prazo, descobrindo suas histórias e ignorando as histórias das pessoas que fracassaram, como um meio de alimentar a esperança de que a mudança no longo prazo é possível.

A etapa final para fazer uma boa dieta envolve pavimentar o caminho adiante em direção a mudanças sustentáveis de comportamento e peso aprendendo a lidar com o fracasso (que não parece mais um fracasso) e por meio do processo de reinvenção. Isso envolve diversas estratégias, incluindo planejamento, reestruturação cognitiva, encontro de sentido, recontextualização, repetição simples e modelagem.

EM RESUMO

A dieta bem-sucedida envolve diversos processos. A teoria psicológica identifica uma gama de estratégias de mudança de comportamento. Este capítulo apresentou um novo kit de ferramentas para uma boa dieta, que é uma abordagem com cinco etapas para reunir tudo isso e usar essas estratégias para maximizar as chances de sucesso e, ao mesmo tempo, evitar as armadilhas do fracasso.

10

AUXILIANDO A REALIZAÇÃO DE DIETAS BEM-SUCEDIDAS: PARA PROFISSIONAIS DE SAÚDE

Esperamos que agora já esteja claro que, embora a perda de peso seja difícil, ela pode acontecer. Também deveria estar claro como as pessoas que trabalham no setor de dietas ou os profissionais de saúde podem ajudar os outros mais efetivamente. Mas existem algumas questões adicionais que os profissionais de saúde precisam conhecer, que são o foco deste capítulo. Elas incluem não causar dano, maximizar seu relacionamento com os clientes e entender as potenciais barreiras para a mudança.

NÃO CAUSAR DANO

Fazer dieta para perder peso pode promover saúde e aumentar a confiança e a apreciação pelo próprio corpo. Porém, também pode causar danos e, portanto, é crucial que os profissionais de saúde envolvidos na promoção de dietas estejam atentos para as possíveis consequências negativas não intencionais. Elas podem acontecer de diversas maneiras.

A pessoa precisa perder peso?

Vivemos em um mundo em que somos bombardeados por imagens do corpo ideal e, como resultado, muitas mulheres e homens desenvolvem insatisfação com o próprio corpo e, portanto, tentam mudar o tamanho e a forma do corpo por meio de dietas. Mas, ao fazer dietas, eles podem estar criando mais problemas em vez de resolvê-los e, portanto, deveriam ser dirigidos a outras formas de se sentir melhor consigo mesmos, incluindo exercitar-se, assumir um novo hobby, fazer novos amigos, ser voluntários, cantar e todas as outras opções que são boas para o estado de espírito e a autoestima. Fazer dietas só deve ser recomendado a quem estiver com sobrepeso ou obesidade e precisar perder peso por causa da saúde. Nosso relacionamento com a comida pode ser muito frágil. Para as pessoas que sentem que simplesmente gostariam de ter uma forma corporal diferente, eu sugiro que evitem fazer dietas, pois isso poderia colocá-las em uma espiral de ganho de peso em vez de perda.

Criar uma preocupação com a comida

Mesmo com todas as melhores estratégias de mudança de comportamento, as dietas sempre envolvem um grau de negação, que pode, em última instância, levar a uma maior preocupação com comida e a comer em excesso posteriormente. Os profissionais de saúde precisam estar atentos ao que acontece com seus clientes e tentar evitar isso minimizando a ideia de alimentos proibidos, enfatizando o pensamento flexível no lugar do pensamento "preto no branco", incentivando a culpa externa pelos escorregões, sendo compassivos e promovendo a autocompaixão. Se os clientes começarem a ficar preocupados com comida, então essa pode ser a hora de experimentar uma abordagem alternativa à perda de peso e incentivá-los a se tornar mais ativos em vez de apenas comer menos.

Fazer dieta como parte de um transtorno alimentar

Algumas pessoas com transtorno alimentar estão abaixo do peso e, portanto, são fáceis de excluir de uma intervenção de dieta. Outras, no entanto, podem estar acima do peso ou ser obesas, mas ainda assim ter um transtorno alimentar. Para essas pessoas, as dietas podem ser danosas, pois podem exacerbar os problemas com a comida e ser prejudiciais para a confiança e a necessidade de controle. Se você, como profissional de saúde, começar a detectar a ansiedade de alguém em relação à comida, preocupações aumentadas em relação ao tamanho e à forma do corpo ou que elas podem estar comendo em excesso ou provocando vômito, então a dieta deve ser interrompida e a pessoa deve ser encaminhada de volta ao clínico geral com a sugestão de que procure uma avaliação psicológica.

MAXIMIZAR SEU RELACIONAMENTO COM OS CLIENTES

Os profissionais de saúde têm uma ferramenta extremamente poderosa à sua disposição: o relacionamento com o cliente. Esse relacionamento muitas vezes é mais efetivo para criar a mudança de comportamento que qualquer técnica de que os psicólogos dispõem e pode ser usado das maneiras a seguir.

Ser apreciado

Falando de um jeito simples, se os clientes gostarem de você, eles vão querer agradá-lo e terão uma probabilidade muito maior de seguir seus conselhos. Assim, lembrar o nome do seu cliente, refletir sobre o que vocês conversaram no passado, sorrir, ouvir, demonstrar bom-humor, ser caloroso, não julgar e apoiar, tudo isso ajudará a construir um bom relacionamento. Isso algumas vezes é chamado de aliança terapêutica e tem melhorado os resultados em uma grande variedade de encontros terapêuticos para todos os tipos de condições [95]. Portanto, também pode ajudar a promover uma boa dieta.

Oferecer reforço

Como profissional de saúde, você está na posição perfeita para ser o sistema de recompensa para qualquer coisa que o cliente faça. As pessoas são muito mais motivadas pela cenoura que pela vara e, assim, ofereça reforço positivo sempre que vir algo que elas fizeram que seja um passo na direção certa. Esse passo pode ser perder peso, comer de modo mais saudável ou ser mais ativo. Mas se elas não fizeram isso, então elogie os esforços delas de tentar comer melhor, pensar em ser mais ativas ou simplesmente comparecer à sessão. Qualquer coisa boa que você possa elogiar aumentará a confiança delas e fará com que queiram tentar mais da próxima vez.

Fazer acompanhamento

O melhor preditor da manutenção da perda de peso é de longe ter acompanhamento por mais tempo [79, 96]. Assim, quanto mais tempo você mantiver a pessoa no sistema, melhor ela ficará. Pode ser que isso ocorra porque a cada vez que vai à sessão, ela obtém reforço e um senso de realização por tentar. Pode ser porque ela é pesada e usa isso como uma meta. Pode ser porque quer agradar o profissional de saúde ou líder de grupo. Mas pode ser simplesmente porque, ao voltar várias vezes, a perda de peso continua a ser evidente, e só estar ali com um foco e um objetivo torna mais provável que ela persevere.

O que você diz

A perda de peso bem-sucedida envolve os processos de encontrar sentido e recontextualizar uma gama de domínios. Por exemplo, envolve uma mudança no relacionamento com a comida e nas associações entre comida, estado de espírito, vida social e identidade. Também requer uma mudança nos significados associados com estar ativo e fazer exercício, deixando de considerá-los tediosos e difíceis para vê-los como algo que faz parte da vida. Exige também que ameaças como acontecimentos de vida ou sintomas sejam recontextualizadas como oportunidades, e as causas de estar acima do peso sejam recontextualizadas de serem biológicas e incontroláveis para estarem relacionadas ao comportamento que pode ser mudado. O relacionamento e as muitas conversas que acontecem entre um cliente e um profissional de saúde são o lugar perfeito para que essa criação de sentido comece. Assim, os profissionais de saúde precisam falar sobre comida saudável como "saborosa", "crocante" e "gostosa", não como "sem graça, mas boa para você". O exercício precisa ser visto como "divertido", "empolgante", "bom para o estado de espírito" e "um modo de relaxar" em vez de "saudável" e "necessário". Os acontecimentos de vida devem ser mencionados como "Agora pode ser a hora de mudar" ou

"Use este momento para sua vantagem", e os sintomas podem ser vistos como "Seu corpo está dizendo algo para você" e "Faça algo agora, antes que fique pior". Isso não precisa ser feito de modo incisivo, mas, pelas próprias palavras que você escolher, os clientes começarão a assumir o seu sentido como sendo deles e pode ser que você ouça sua linguagem de volta conforme as semanas passam.

O que você faz

Como profissional de saúde, você é o modelo de comportamento principal do cliente por meio do que diz e faz. E se eles gostarem de você, vão querer *ser* como você. Portanto, o caminho é mostrar a eles que você tem um bom relacionamento com a comida, come bem e gosta de ser ativo. Algumas vezes, porém, eles podem bloquear você, pensando, "O que você sabe disso? Você nunca teve problemas com o peso", ou, se você tiver excesso de peso, "O que você sabe disso? Você também não é magro". Mas isso pode ser evitado mantendo o relacionamento positivo e caloroso, incentivando as pessoas com reforço, usando intervenções de autoafirmação ou gratidão e mostrando imagens sempre que possível em vez de apenas usar palavras.

ENTENDER AS POTENCIAIS BARREIRAS PARA A MUDANÇA

Trabalhar com outras pessoas para ajudá-las a perder peso pode ser muito difícil se elas parecerem incapazes de mudar. Em vez de ficar com raiva ou frustrado ou culpá-las, é melhor entender algumas das barreiras à mudança a fim de manter o relacionamento e sustentar um nível de compaixão e receptividade.

Os benefícios de ter sobrepeso

Embora externamente ter sobrepeso pareça ser um custo, por todas as consequências psicológicas e físicas, muitas pessoas também podem encontrar benefícios em seu peso. Isso pode ser uma parte essencial da identidade, uma parte central da conversa delas, uma maneira de evitar algumas atividades, uma barreira contra os outros ou uma maneira de se aproximar dos outros, um modo de ficar pouco atraente para o parceiro ou um modo de ficar mais atraente para o parceiro. Então, se uma pessoa parece resistente à mudança, pense em como ela pode se beneficiar com o peso, converse sobre isso com ela e procure métodos alternativos para conseguir aquilo que o peso está proporcionando a ela.

O impacto dos parceiros

Embora uma pessoa possa querer perder peso, mudar sua dieta e ser mais ativa, isso raramente pode ser alcançado em isolamento, e é importante levar em conta o papel dos outros. Uma pessoa crucial é o parceiro, que pode ser resistente à mudança se achar que a pessoa é atraente do jeito que é e quiser que os padrões alimentares continuem iguais. Quando as mulheres estão tentando perder peso, um parceiro pode ser especialmente resistente a mudar, pois ainda é muito frequente que as mulheres nas famílias gerenciem a comida. Isso pode resultar em mulheres mudando o que comem, mas continuarem cozinhando como de costume para os outros, o que não só é um trabalho extra, mas também provoca isolamento e pode criar ressentimentos. Se os homens estão tentando perder peso, mas nunca administraram a comida na casa, então isso também pode ser problemático. Portanto, é crucial que todos os membros da família estejam no mesmo barco. Isso pode ser atingido destas maneiras: pensar na perda de peso como uma mudança de estilo de vida para todos, em vez de apenas uma dieta para alguns; incentivar a pessoa que faz dieta a preparar alimentos mais saudáveis para todos e simplesmente comer porções menores; explicar para a família os riscos de ter sobrepeso e os benefícios da perda de peso; recompensar a família sempre que possível por apoiar a pessoa que faz dieta; fazer pequenas mudanças no conteúdo da dieta (de arroz branco para arroz integral, de leite integral para leite desnatado); acrescentar alimentos (isto é, frutas e vegetais) em vez de simplesmente eliminar alimentos (isto é, bolos e biscoitos); sugerir que os outros comam bolos e biscoitos fora de casa, mas entrar num acordo para que esses alimentos não sejam mais levados para casa. Em última instância, todos na família devem querer que todos os membros dela estejam bem e vivam por mais tempo. Há muitas evidências de que o apoio social é essencial para a manutenção da perda de peso [73, 77]. A dieta, portanto, precisa se transformar em uma meta compartilhada para que todos estejam a bordo.

Medo da mudança

Mesmo que o *status quo* seja pouco saudável ou até mesmo desagradável, muitas pessoas ainda têm medo da mudança. Como um profissional de saúde, você pode abordar isso pedindo aos clientes que descrevam os benefícios de estar acima do peso e, depois, considerem como seria a sua vida depois de perder peso. Isso deveria envolver todos os prós e os contras e pode revelar sentimentos relativos a mudanças em: identidade, humor, conversa, relacionamentos, atratividade, trabalho, expectativas dos outros e expectativas próprias. Estranhamente, até mesmo quando as pessoas não gostam de ter sobrepeso, elas nem sempre querem ser mais magras, e isso precisa ser discutido. Pode ser útil incentivá-las a imaginar uma visão mais positiva do futuro e a pensar mais nos benefícios que nos custos.

Hábitos profundamente enraizados

A perda de peso e, em especial, a manutenção do novo peso são difíceis em virtude dos hábitos que podem ter sido enraizados desde a infância. Tentar ajudar outra pessoa a perder peso pode ser frustrante se esses hábitos forem difíceis de mudar. Mas, como um profissional de saúde, é essencial que você permaneça compassivo, entenda como isso é difícil de fazer e simplesmente persista. As evidências mostram que as pessoas que insistem em mais tentativas de fazer dieta têm maior probabilidade de sucesso. Da mesma maneira, os profissionais de saúde que incentivam cada vez mais tentativas nos outros têm maior probabilidade de ser bem-sucedidos.

EM RESUMO

Os profissionais de saúde podem ajudar outras pessoas a perder peso usando as estratégias descritas no restante deste livro e compreendendo as diferenças entre as dietas bem-sucedidas e as fracassadas. Este capítulo destacou alguns aspectos específicos para profissionais de saúde. Em particular, é importante não prejudicar, maximizar o relacionamento profissional-cliente e usar o que você diz, o que você faz e como você interage com os clientes como parte do processo de mudança de comportamento. Se os clientes gostam de você e voltam, eles têm muito maior probabilidade de ser bem-sucedidos. Finalmente, também é importante reconhecer que perder peso e manter a perda é extremamente difícil, mas se você permanecer compassivo e calmo e simplesmente continuar tentando com seu cliente, então ele continuará tentando mudar, e vocês terão uma probabilidade muito maior de ter sucesso.

11

AJUDANDO OS OUTROS: DICAS PARA CRIANÇAS

Escrevi um livro inteiro sobre como ajudar as crianças a comerem bem sem transformar a comida em um problema [19], e continuo convencida de que o objetivo deve sempre ser um bom relacionamento com a comida, não a perda de peso. Porém, as crianças estão ficando com excesso de peso e obesas e experimentando problemas psicológicos e físicos relacionados ao peso, como baixa autoestima, ansiedade, asma e diabetes. Então, o objetivo é certamente desenvolver um bom relacionamento com a comida, mas, no caso de crianças obesas e com sobrepeso, o efeito colateral disso deve ser também a perda de peso. Como isso pode ser obtido?

PRIMEIRO, DECIDA SE VOCÊ PRECISA SE PREOCUPAR

Eu não concordo em ter balanças de banheiro em uma casa com crianças, pois isso pode deixá-las excessivamente preocupadas com o seu peso. Isso pode levar o peso a se tornar a meta em vez da saúde. Mas às vezes pode ser bom ter alguns dados e saber se seu filho tem um peso normal ou não. Então, pese seu filho quando puder, mas faça isso casualmente, sem transformar a pesagem em um grande problema. Se você estiver na casa de alguém que tenha balança ou se estiver na farmácia local, faça todo mundo subir na balança "por diversão" e veja quanto estão pesando. Depois, em resposta a alguma menção à altura, como "Mamãe, eu cresci?", "Tom está mais alto que eu agora", ou mesmo "Meus sapatos estão pequenos", coloque-os encostados na parede e meça a altura deles. Então, use uma calculadora online de IMC infantil para descobrir o IMC deles sem lhes dizer isso. Se o peso deles for normal, eles estão bem, e você pode ignorar quanto comem. Mas, se estiverem acima do peso, eles podem estar desenvolvendo um problema.

NÃO OS COLOQUE EM UMA DIETA

Ter algum excesso de peso quando criança não é bom. Mas desenvolver um problema com alimentação quando criança pode levar a uma vida inteira de preocupação e depressão. Se você acha que seu filho está comendo demais, experimente todas as dicas a seguir para fazer a alimentação dele voltar aos trilhos, mas não o coloque em uma dieta. Fazer dieta, em última instância, significa ter de negar a si mesmo as comidas que deseja comer. Isso pode fazer essas comidas parecerem ainda mais tentadoras e, no final, quando as pessoas saem da dieta, elas comem ainda mais do que teriam comido antes. Então, limite a comida de seu filho de modos sutis, sendo um bom modelo, mudando os alimentos que compra e cozinhando e planejando refeições para que as crianças possam aprender a conviver com sua fome. Se você o colocar em uma dieta, pode muito bem piorar a situação, e a comida se tornará ainda mais uma recompensa. Com o passar do tempo, você pode ter colocado seu filho em um caminho de luta com uma das partes centrais da vida cotidiana.

Ter sobrepeso é um produto de coisas que estão em nossa mente e de gatilhos no ambiente. O mesmo acontece com as crianças, mas, felizmente, o ambiente delas é mais fácil de mudar, pois nós o controlamos. Aqui estão algumas dicas para incentivar as crianças a comer menos e ser mais ativas sem colocá-las em uma dieta. A última coisa que você quer é transformar a comida em um problema.

O QUE ESTÁ NA MENTE DELAS

Desde o momento em que nascemos, as coisas que os outros nos dizem se tornam os roteiros em nossa mente que nos acompanham pela vida. Então, quando pensamos "Eu sou bom em terminar as coisas", provavelmente é porque nossos pais nos disseram isso; quando pensamos "Eu sou preguiçoso", isso provavelmente também é algo dito pelos nossos pais. Alguns desses roteiros se relacionam à comida e ao exercício, então é importante dar roteiros positivos para as crianças o mais cedo possível.

Roteiros sobre tamanho corporal

Os pais precisam dizer as coisas certas para dar a seus filhos alguns roteiros saudáveis sobre o tamanho corporal. Então, não diga "Somos todos gordos na nossa família. É assim que somos", pois as crianças vão acreditar que estar acima do peso está além de seu controle e é inevitável. Também não diga "Estou tão gorda. Detesto isso. É tão feio", nem diga "Você está engordando. Você não vai ter amigos". Essas críticas levam a baixa autoestima, autojulgamento e, possivelmente, comer para se confortar, o que pode piorar o problema. E não comente a forma de elas comerem, dizendo "Você come demais", "Nossa, você pode deixar isso de lado", "Você tem um apetite enorme" ou "Você nunca fica satisfeito", pois essas frases também vão ficar marcadas, e elas começarão a enxergá-las como verdades e uma parte essencial de quem são. Do mesmo modo, não as elogie com frases como "Minha adorável filha gordinha", "Você é tão gordo e fofinho" ou "É tão bom ter alguém fofinho para amassar", pois elas vão acreditar que precisam continuar acima do peso para serem amadas. Na maior parte dos casos, é melhor não dizer nada! Mas se você estiver falando de tamanho corporal, faça isso sobre outra pessoa e de um modo mais neutro. Então, quando vir uma celebridade de tamanho saudável, diga "Ela parece ótima", ou, quando uma amiga tiver um peso normal, diga "Ela parece muito saudável".

Roteiros para ser ativo

Os pais também precisam dizer as coisas certas sobre exercício. Eu ouço com muita frequência "É chato ir para a academia", "Está frio demais para uma caminhada", "Vamos pegar o carro e estacionar na cidade. É mais fácil", "Vamos pelo elevador, estou cansado" e "Tive uma semana agitada, vamos ficar em casa no fim de semana e assistir à TV" – tudo isso faz o exercício parecer chato e algo a ser evitado sempre que possível. Mas o que as crianças precisam saber é que ser ativo é uma ótima maneira de administrar suas emoções e animá-las quando estão para baixo, é fantástico para conhecer pessoas e fazer amigos, divertido, um bom método de transporte, muitas vezes gratuito e uma parte da vida cotidiana. Assim, os pais devem usar suas conversas no dia a dia para mostrar a atividade física sob um ângulo positivo: "Vamos para o jardim para relaxar um pouco", "Vamos pedalar um pouco no fim de semana. Vai ser divertido", "Estou cansado. Acho que vou dar uma caminhada", "Aquele passeio de bicicleta fez eu me sentir muito melhor", "Vamos caminhar para conversar um pouco", "Tive uma semana ocupada e preciso mesmo de um pouco de ar fresco", "Conheci algumas pessoas fantásticas no jogo de vôlei", "Tomamos café depois de correr e foi ótimo" e "Tenho muito mais energia desde que comecei a ir a pé para o trabalho". Desse modo, ser ativo vai se tornar uma parte positiva da vida, algo divertido e um modo útil de administrar como nos sentimos.

Roteiros para comer bem

Os roteiros que temos para comida são provavelmente ainda mais complicados que aqueles que temos para exercício. Observe qualquer pessoa em uma lanchonete com os filhos e você ouvirá "Ah, esse sorvete parece ótimo", "Você se comportou bem, agora coma seu bolo de chocolate", "Se você comer os legumes, vai ganhar sobremesa", "Você comeu tudo aquilo! Muito bem! Agora você pode ir no carrinho e não tem de andar", "Adivinha o que temos de sobremesa: bolo! Agora coma todo o seu jantar", "Coma seus legumes, eles são saudáveis", "Coma tudo isso, é bom para você" – a lista continua! A linguagem ao redor da comida constrói os roteiros em nossa mente, e a maioria diz que os doces são uma recompensa, que a comida é um modo útil de administrar nossas emoções, que a comida saudável é chata, que comer quando você não sente fome é bom e que algumas comidas são proibidas, mas empolgantes. Então, não é de surpreender que, como adultos, nós procuremos bolo e não salada quando estamos para baixo e não gostemos de tentar comer de modo mais saudável. O que os pais precisam fazer é dar a seus filhos roteiros mais positivos sobre a comida, nos quais a comida é boa, mas não maravilhosa; um prazer, mas não uma recompensa; faz bem para você, mas não é sem graça; é para a fome, mas não proibida; e os doces vêm depois dos salgados, mas não dependem de você ter comido os alimentos salgados. Isso nem sempre é fácil. Na Tabela 11.1 há alguns exemplos do que dizer e do que não dizer.

Tabela 11.1 Fornecendo às crianças roteiros positivos sobre comida

Coisas a dizer	Coisas a não dizer
Esta torta de legumes está ótima! Este pepino é muito saboroso! Estas cenouras são tão docinhas! Muito bem por experimentar. Foi mesmo muito bom! Muito bem. Você gostou mesmo! Você é tão bom em experimentar novas comidas. Você sempre sabe a hora de parar de comer. É bom saber quando você já comeu o suficiente. Coma só um pouquinho mais. Ela é tão boa em comer legumes. Fique na mesa um pouco mais. Só mais alguns legumes. Não coma mais biscoitos. Estou fazendo o jantar. Você pode comer biscoitos depois. Temos um lindo melão em vez de pudim. Espere agora e coma um biscoito depois do jantar. Se você está com fome, coma uma fruta. O jantar é às seis. Falta pouco agora. Pegue alguns palitos de cenoura gostosos para mastigar antes de dormir.	Sei que o brócolis não é muito gostoso, mas faz bem para você. Coma algo saudável para variar. Depois do lanche da tarde, podemos comer algo gostoso. Esses são os biscoitos da mamãe. Não são para você. Você não pode comer nenhum. Você tem um apetite enorme. Você é um poço sem fundo! Ela gosta mesmo de pudim! Ele é uma formiga! Coma só um pedaço pequeno de bolo agora. Coma mais amanhã. Já chega de ovo de Páscoa agora. Deixe o resto para depois. Não, você não pode comer sobremesa antes de comer sua comida. Só mais cinco ervilhas. Depois você pode tomar sorvete. Coma os legumes e depois você vai poder comer sobremesa. Você parece cansado. Coma um pedaço de chocolate para ter mais energia. Eu demorei um tempão para cozinhar. Agora coma tudo. Coma mais um biscoito por mim, tudo bem?

Seja sutil e, às vezes, sorrateiro

Em algum momento, é útil conversar sobre estar abaixo ou acima do peso e sobre os perigos associados a comer muito pouco ou comer demais. Mas, se você der um sermão a seu filho na hora do jantar ou ficar resmungando no carro, ele vai se desligar, ignorar você e ficar bravo. Então, seja mais sutil e sorrateiro e aproveite o momento de um modo mais casual. Quando você vir alguém na TV que é magra demais, por exemplo, diga "Ela está horrível. Não pode estar bem", ou quando vir um manequim em uma vitrine que pareça magro demais, diga "Ninguém deve ser magro desse jeito. Ele estaria quase morto", ou quando uma celebridade estiver sendo elogiada por perder muito peso, diga "Ela precisa tomar cuidado ou vai acabar ficando doente". Do mesmo modo, quando você vir alguém na TV que esteja acima do peso, diga "Não pode ser saudável ser desse tamanho", ou quando uma celebridade for notícia por ganhar muito peso, diga "Você sabia que estar acima do peso pode encurtar a sua vida?". Mas não se concentre nas pessoas obesas mórbidas apresentadas em todos os programas planejados para chocar, porque ninguém se identifica com essas imagens e elas podem fazer as pessoas pensarem "Bom, está tudo bem comigo, pois não sou grande como elas". Esse modo de falar sobre tamanho, mais casual, dissimulado e até manipulador deve ajudar seus filhos a terem os roteiros certos em mente sem transformar a comida ou o tamanho corporal em um problema.

Portanto, se os pais usarem as palavras certas sobre tamanho corporal, exercício e comportamento alimentar, os filhos devem desenvolver roteiros mais saudáveis em sua mente para ter um futuro mais saudável.

GATILHOS NO AMBIENTE

Nosso peso corporal é também uma resposta aos gatilhos em nosso ambiente. Quando se trata do peso de crianças, é muito mais fácil que para os adultos, pois nós podemos controlar boa parte do ambiente delas. Na verdade, muitas vezes nós *somos* o ambiente delas.

Seja um bom modelo de vida mais ativa

Existe uma frase bem conhecida sobre criação de filhos: "Se você quer que as pessoas ao seu redor mudem, primeiro mude a si mesmo". Assim, se seu filho está ficando com excesso de peso, a solução mais simples é incentivá-lo a ser mais ativo, o que significa que você também tem de ser mais ativo. Isso pode ser alcançado saindo para caminhadas ou passeios de bicicleta em família nos fins de semana em vez de assistir a um filme, tendo férias mais ativas, mostrando a ele que você gosta de ser ativo ao fazer mais isso e deixar que ele veja, começando a praticar natação ou outro esporte, falando positivamente sobre o esporte que você pratica e levando-o ao parque local. Isso também pode ser atingido simplesmente facilitando que ele seja ativo, comprando uma bola e uma corda de pular, dizendo para ir brincar no jardim ou na rua e incentivando-o a entrar para clubes na escola. As crianças querem ser como seus pais e, se você for ativo, então elas vão querer ser ativas também.

Seja um bom modelo de alimentação

Você é o principal modelo de seu filho durante a maior parte da infância, então seja também um bom modelo de alimentação. Isso significa comer bem e deixar que ele o veja comendo bem. Coma mais frutas e vegetais, coma refeições e não petisque, não pule refeições, coma à mesa, coma quando estiver com fome, não coma para administrar suas emoções e repita o prato se estiver com fome, mas não se só estiver com vontade.

Seja um bom modelo de tamanho corporal

Seja também um bom modelo de tamanho corporal. Vivemos em um mundo em que as pessoas estão cada vez mais gordas e em que ter sobrepeso se tornou a norma. Se você tiver excesso de peso, não deixe que seu filho pense que isso é normal, e *não* o incentive a pensar que o excesso de peso é algo de sua família e que não há nada a fazer a respeito disso. Não resmungue com seu filho sobre seu peso, mas também não o comemore.

Do mesmo modo, se seu filho tiver excesso de peso, não o critique por isso, mas também não transforme isso em algo de que se orgulhar.

Mude o ambiente deles

Até que seu filho alcance por volta dos 12 anos, você é completamente responsável pelo que ele come, pois você faz compras, dirige o carro, tem o dinheiro e cozinha. Mesmo depois dessa idade, a maior parte daquilo que ele come ainda depende de você. Assim, a melhor maneira de incentivá-lo a comer menos é mudar o ambiente dele, só comprando e levando para casa alimentos saudáveis. Não compre refrigerantes, salgadinhos ou biscoitos se não quiser que seus filhos os comam e cozinhe refeições saudáveis sem sobremesa. Deixe uvas no banco traseiro do carro em vez de salgadinhos e dê legumes às crianças quando estiverem na frente da TV em vez de doces, e elas vão comer sem prestar atenção e sem perceber.

Use a pressão social

As crianças querem ser como os pais e vão comer aquilo que você come. Mas ainda mais forte é o desejo de ser como os amigos. Então, convide crianças para o lanche da tarde e use isso como uma oportunidade de apresentar comidas mais saudáveis para seus filhos. Tire vantagem da pressão social. Em vez de ficar na zona de conforto com comidas conhecidas preparadas do modo costumeiro, quando o padrão de sua refeição mudar ao ter alguém novo em casa, mude o padrão daquilo que você come e faça seu filho experimentar e comer alimentos só porque seus amigos estão fazendo o mesmo.

Controle as porções

É estranho, mas um prato grande meio vazio parece ter menos comida que um prato pequeno cheio! Se você acha que seu filho está comendo demais e quer limitar quanto ele come, assegure-se de ter pratos de tamanho razoável. E todos devem usar os mesmos pratos! Desse modo, todos poderão comer uma refeição de tamanho razoável e esvaziar o prato sem sentir que foram privados.

Planeje as refeições

As crianças ficam com fome e vão comer o que estiver disponível. Mas se houver um horário definido para as refeições em que elas saibam que serão alimentadas, fica mais fácil suportar a fome e esperar a próxima refeição. Então, decida comer em um horário definido sempre que possível, diga a seus filhos quando e o que você fará para o lanche da tarde e peça que eles esperem, dizendo "É muito melhor estar com fome na hora do lanche da tarde. Você vai aproveitar mais".

Cozinhe refeições que sustentem

Se seu filho estiver com fome, ele vai comer entre as refeições. Depois, ele vai comer menos nas refeições, sentir fome logo depois e comer entre as refeições. É um círculo vicioso. Então, cozinhe refeições que sustentem. Garanta que haja muitos carboidratos (macarrão, arroz ou pão integrais) para satisfazê-los e muitos legumes e proteínas. Não faça alimentos que tenham alto teor de gordura, pois estes podem satisfazer no curto prazo, mas isso não vai durar. E evite alimentos doces, pois isso dará um pico imediato de açúcar e uma sensação de satisfação que passará rapidamente, fazendo com que eles queiram mais açúcar para ter novamente o pico.

Faça pequenas mudanças

O modo mais fácil de mudar um hábito é fazer isso por meio de substituição e mudanças tão pequenas que você possa enganar sua mente ou a mente dos outros para pensar que tudo está igual ao que sempre esteve. Grandes mudanças envolvendo infusões de ervas, alcachofra, erva-doce, lentilha, sementes e nozes não vão durar mais que alguns dias, se tanto. Mas pequenas mudanças têm uma probabilidade maior de serem mantidas no longo prazo. Então, tome leite desnatado em vez de leite integral e suco natural em vez de refrigerante. Coma macarrão, pão e arroz integrais em vez de brancos e esconda legumes em comidas comuns em vez de colocar muitos novos legumes de uma vez no prato de seus filhos. Então, cozinhe o macarrão preferido deles, mas com macarrão integral em vez de branco, e adicione um novo legume como acompanhamento e veja o que acontece.

Tome café da manhã

O café da manhã é uma refeição tão importante porque ativa o metabolismo, nos tira do estado de hibernação em que estivemos durante a noite e nos prepara para o dia. Se pularmos o café da manhã, ficamos lentos e não conseguimos nos concentrar até a hora do almoço. Então, arrume a mesa do café todas as manhãs, sente-se com as crianças e torne o café da manhã uma parte normal da rotina diária. E também faça eles beberem alguma coisa!

Coma em família

Comer em família é a maneira mais fácil de definir o que é saudável e que saudável é normal. Então, coma em família sempre que puder e, assim, você poderá ser um bom modelo, dizer as coisas certas, servir a comida certa em porções do tamanho correto e ajudar a transformar a alimentação em uma parte normal e sem estresse do dia da família.

Arrume uma fruteira

Algumas vezes, as crianças ficam com tanta fome que não aguentam até a próxima refeição, e o melhor lanche possível é uma fruta. Então, compre uma fruteira, encha-a de frutas e coloque-a em um lugar central para que elas possam se servir sempre que passarem por perto. Desse modo, elas não vão precisar de petiscos pouco saudáveis, mas ainda terão fome o bastante quando a refeição estiver pronta.

EM RESUMO

Se você acha que seu filho está acima do peso, primeiro (casualmente) descubra o IMC dele e decida se você realmente precisa ou não se preocupar. Se ele estiver acima do peso, não o ponha em uma dieta, mas tente mudar o que está na mente dele e também o ambiente. Isso envolve oferecer roteiros positivos sobre tamanho corporal, comida e atividade física, além de ser um bom modelo de exercício e alimentação. Envolve também gerenciar o ambiente sem que ele perceba, planejando refeições de modo que ele saiba quando a comida estará pronta e servindo refeições que satisfaçam para que ele não fique petiscando. Mas faça tudo isso de uma maneira indireta e sem confrontações, pois a última coisa que você quer fazer é transformar a alimentação em um problema e colocar seus filhos em uma rota de problemas futuros.

12

ALGUNS PENSAMENTOS FINAIS

Há quase trinta anos, publiquei *Fat Chance! The Myth of Dieting Explained* e acreditava que as dietas faziam mais mal do que bem. Desde essa época, houve um grande aumento no problema de sobrepeso e obesidade em adultos e crianças, e tenho visto os numerosos problemas psicológicos e físicos provocados pelo ganho de peso excessivo. Porém, continuei observando como é difícil fazer dieta e como é frequente que as dietas falhem, algumas vezes provocando ainda mais problemas. Mas também vi exemplos de dietas bem-sucedidas e gradualmente comecei a acreditar que deve haver um modo de fazer dieta que funcione não só imediatamente, mas também no longo prazo. Este livro é o produto desse processo muito gradual.

Ainda não acho que fazer dieta seja fácil. Também não acho que uma mesma abordagem vai funcionar para todo mundo. Mas agora acredito que podemos aprender com base em evidências sobre dietas fracassadas e bem-sucedidas, usar todas as técnicas psicológicas que temos para mudar o comportamento e encontrar uma maneira para fazer uma boa dieta. E foi isso que este livro tentou fazer.

ENTÃO, ESTA É A MINHA MENSAGEM

Ganhamos peso porque comemos mais do que precisamos e fazemos menos do que deveríamos para queimar as calorias que ingerimos. Nós comemos demais por causa do que existe na nossa mente e dos gatilhos no ambiente. Qualquer tentativa de fazer dieta, portanto, tem de mudar o que está na nossa mente e também nos ajudar a gerenciar os gatilhos no nosso ambiente. Essa não é uma tarefa fácil! Mas o exame da literatura a respeito de dietas bem-sucedidas e fracassadas, além de uma compreensão sobre a variedade de estratégias de mudança de comportamento, indica que uma abordagem de cinco etapas para uma boa dieta pode ser útil. Isso envolve o seguinte:

Etapa 1. Encontrar o gatilho para mudar e recontextualizar qualquer tipo de ameaça como uma oportunidade e, depois, usar isso como uma chance de mudança.

Etapa 2. Mudar o que existe em nossa mente para acreditar que as coisas podem mudar, criar uma mudança na análise de custo-benefício da alimentação e do exercício e concentrar-se em todos os investimentos feitos até agora.

Etapa 3. Criar um novo conjunto de comportamentos, que aborde não só o que você come, mas onde, quando e por quê.

Etapa 4. Gerenciar o ambiente, principalmente por meio de planejamento e bastante evitação.

Etapa 5. Pavimentar o caminho adiante por meio de gentileza consigo mesmo, repetição e, em última instância, um processo de reinvenção.

O mundo está cada vez mais planejado para facilitar o ganho de peso e dificultar a manutenção do peso ideal. Algumas vezes, o mundo das dietas tem causado mais danos que bem-estar. Espero que o conteúdo deste livro ajude você a encontrar um caminho entre essas duas posições e ofereça um caminho mais equilibrado e bem-informado.

LEITURAS RECOMENDADAS

Branch, R., Wilson, R. (2002). *Cognitive Behavioural Therapy for Dummies*. 2a ed. Chichester: Wiley.

Grogan, S. (2016). *Body Image: Understanding Body Dissatisfaction in Men, Women and Children*. 3a ed. Londres: Routledge.

Ogden, J. (1992). *Fat Chance! The Myth of Dieting Explained*. Londres: Routledge.

Ogden, J. (2003). *The Psychology of Eating: From Healthy to Disordered Behaviour*. 2a ed. Nova York e Londres: Blackwell.

Ogden, J. (2014). *The Good Parenting Food Guide: Managing what Children Eat without Making Food a Problem*. Londres: Wiley.

Santos, I., Sniehotta, F. F., Marques, M. M., Carraça, E. V., Teixeira, P. J. (2017). Prevalence of personal weight control attempts in adults: A systematic review and meta-analysis. *Obesity Reviews*, *18*(1), 32-50.

Gilbert, P. (2014). The origins and nature of compassion focused therapy. *British Journal of Clinical Psychology*, março, *53*(1), 6-41.

Rinzler, C. A. (2016). *Nutrition for Dummies*. 6a ed. Chichester: Wiley.

REFERÊNCIAS

1 Mazel, J. (1981). *The Beverly Hills Diet*. Nova York: Macmillan.

2 Twigg, S. (1997). *The Kensington Diet*. Londres: Bantam Books.

3 Conley, R. (1989). *Rosemary Conley's Complete Hip and Thigh Diet*. Londres: Arrow Books.

4 Levine, M.J. (1997). *I wish I were Thin I wish I were Fat*. Nova York: Fireside.

5 Conley, R. (1996). *Complete Flat Stomach Plan*. Londres: Arrow Books.

6 Coleman, V. (1990). *Eat Green – Lose Weight*. Londres: Angus and Robertson.

7 De Vries, J. (1989). *Realistic Weight Control*. Edimburgo: Mainstream.

8 Lazarides, L. (1999). *The Waterfall Diet*. Londres: BCA.

9 Katahn, M. (1982). *The 200 Calorie Solution: How to Stop Dieting Forever*. Londres: Arlington Books.

10 Smith, G. (1993). *Fibrenetics*. Londres: Fourth Estate.

11 World Health Organisation. (2016). *Obesity and Overweight*. Recuperado de: www.who.int/mediacentre/factsheets/fs311/en/.

12 Pereira-Miranda, E., Costa, P. R., Queiroz, V. A., Pereira-Santos, M., Santana, M. L. (2017). Overweight and obesity associated with higher depression prevalence in adults: A systematic review and meta-analysis. *Journal of American College of Nutrition*, abril, *10*, 1-11.

13 Romero-Corral, A. R., Montori, V. M., Somers, V. K., Korinek, J., Thomas, R. J., Allison, T. G. et al. (2006). Association of body weight with total mortality and with cardiovascular events in coronary heart disease: A systematic review of cohort studies. *Lancet*, *368*, 666-678.

14 Kopelman, P. (1999). Aetiology of obesity II: Genetics. In *Obesity: The Report of the British Nutrition Foundation Task Force* (pp. 39-44). Oxford: Blackwell Science.

15 Misra, A., Ganda, O. P. (2007). Migration and its impact on adiposity and type 2 diabetes. *Nutrition*, setembro, *23*(9), 696-708.

16 Christakis, N. A., Fowler, J. H. (2007). The spread of obesity in a large social network over 32 years. *New England Journal of Medicine*, 26 de julho, *357*(4), 370-379.

17 Hill, J. O., Peters, J. C. (1998). Environmental contributions to the obesity epidemic. *Science*, *280*(5368), 1371-1374.

18 Birch, L. L. (1999). Development of food preferences. *Annual Review of Nutrition*, *19*, 41-62.

19 Ogden, J. (2014). *The Good Parenting Food Guide: Managing what Children Eat without Making Food a Problem*. Londres: Wiley.

20 Koenders, P. G., van Strien, T. (2011). Emotional eating, rather than life-style behavior, drives weight gain in a prospective study in 1562 employees. *Journal of Occupational and Environmental Medicine*, *53*, 1287-1293.

21 Konttinen, H., Silventoinen, K., Sarlio-Lähteenkorva, S., Männistö, S., Haukkala, A. (2010). Emotional eating and physical activity self-efficacy as pathways in the association between depressive symptoms and adiposity indicators. *American Journal of Clinical Nutrition*, *92*, 1031-1039.

22 Polivy, J., Herman, C. P. (1985). Dieting and binging: A causal analysis. *American Psychology*, fevereiro, *40*(2), 193-201.

23 Hall, P. A., Fong, G. T. (2007). Temporal self-regulation theory: A model for individual health behaviour. *Health Psychology Review*, *1*(1), 6-52.

24 Ogden, J., Liakopoloulou, E., Antilliou, G., Gough, G. (2012). The meaning of food (MOF): The development of a new measurement tool. *European Eating Disorders Review*, *20*, 423-426.

25 Wansink, B. (2009). *Mindless Eating: Why we Eat More than we Think*. 2a ed. Londres: Hay House.

26 Ogden, J., Coop, N., Cousins, C., Crump, R., Field, L., Hughes, S., Woodger, N. (2013). Distraction, the desire to eat and food intake: Towards an expanded model of mindless eating. *Appetite*, *62*, 119-126.

27 Bellissimo, N., Pencharz, P. B., Thomas, S. G., Anderson, G. H. (2007). Effect of television viewing at mealtime on food intake after a glucose preload in boys. *Pediatric Research*, *61*(6), 745-749.

28 Higgs, S., Woodward, M. (2009). Television watching during lunch increases afternoon snack intake of young women. *Appetite*, *52*(1), 39-43.

29 Bolton-Smith, C., Woodward, M. (1994). Dietary composition and fat to sugar ratios in relation to obesity. *International Journal of Obesity*, *18*, 820-828.

30 Blundell, J. E., Macdiarmid, J. (1997). Fat as a risk factor for over consumption: Satiation, satiety and patterns of eating. *Journal of the American Dietetic Association*, *97*, 563-569.

31 Alsharairi, N. A., Somerset, S. M. (2016). Skipping breakfast in early childhood and its associations with maternal and child BMI: A study of 2-5-year-old Australian children. *European Journal of Clinical Nutrition*, *70*(4), 450-455.

32 Ogden, J., Oikonoumou, E., Alemany, G. (2015). Distraction, restrained eating and disinhibition: An experimental study of food intake and the impact of 'eating on the go'. *International Journal of Health Psychology*, *22*, 39-50.

33 Laessle, R. G., Lehrke, S., Dückers, S. (2007). Laboratory eating behavior in obesity. *Appetite*, *49*, 399-404.

34 Shenassa, E. D., Frye, M., Braubach, M., Daskalakis, C. (2008). Routine stair climbing in place of residence and Body Mass Index: A Pan-European population based study. *International Journal of Obesity*, *32*(3), 490-494.

35 Dishman, R. K., Sallis, J. F., Orenstein, D. M. (1985). The determinants of physical activity and exercise. *Public Health Reports*, *100*, 158-172.

36 Cooney, G. M., Dwan, K., Greig, C. A., Lawlor, D. A., Rimer, J., Waugh, F. R., McMurdo, M., Mead, G. E. (2013). Exercise for depression. *Cochrane Data-base of Systematic Reviews*, *9*.

37 Santos, I., Sniehotta, F. F., Marques, M. M., Carraça, E. V., Teixeira, P. J. (2017). Prevalence of personal weight control attempts in adults:

A systematic review and meta-analysis. *Obesity Reviews*, *18*(1), 32-50.

38 Hirsch, J. (1998). Magic bullet for obesity. *British Medical Journal*, *317*, 1136-1138.

39 Ogden, J., Sidhu, S. (2006). Adherence, behaviour change and visualisation: A qualitative study of patient's experiences of obesity medication. *The Journal of Psychosomatic Research*, *61*, 545-552.

40 Hollywood, A., Ogden, J. (2010). Taking Orlistat: Predicting weight loss over 6 months. *Journal of Obesity*, *1-7*; 806896 Open Access.

41 Picot, J., Jones, J., Colquitt, J. L., Gospodarevskaya, E., Loveman, E., Baxter, L. (2009). The clinical effectiveness and cost-effectiveness of bariatric (weight loss) surgery for obesity: A systematic review and economic evaluation. *Health Technology Assessment*, *13*, 41.

42 Sjostrom, L., Nabro, K., Sjostrom, C. D. (2007). Effects of bariatric surgery on mortality in Swedish obese subjects. *The New England Journal of Medicine*, *357*(8), 741-752.

43 Magro, D. O., Geloneze, B., Delfini, R., Paraja, B. C., Callejas, F., Paraja, J. C. (2008). Long-term weight regain after gastric bypass: A 5-year prospective study. *Obesity Surgery*, *18*(6), 648-651.

44 Ogden, J., Clementi, C., Aylwin, S. (2006). Having obesity surgery: A qualitative study and the paradox of control. *Psychology and Health*, *21*, 273-293.

45 Grogan, S. (2016). *Body Image: Understanding Body Dissatisfaction in Men, Women and Children*. 3a ed. Londres: Routledge.

46 Tiggemann, M. (2006). The role of media exposure in adolescent girl's body dissatisfaction and drive for thinness: Prospective results. *Journal of Social and Clinical Psychology*, *25*(5), 523-541.

47 Ogden, J., Mundray, K. (1996). The effect of the media on body satisfaction: The role of gender and size. *European Eating Disorders Review*, *4*, 171-182.

48 Ogden, J., Steward, J. (2000). The role of the mother daughter relationship in explaining weight concern. *International Journal of Eating Disorders*, *28*, 78-83.

49 Treasure, J., van Furth, E., Schmidt, U. (Eds.). (2003). *Handbook of Eating Disorders*. 2a ed. Londres: Wiley.

50 Polivy, J., Heatherton, T. (2015). *Spiral Model of Dieting and Disordered Eating: Encyclopaedia of Feeding and Eating Disorders*. Nova York: Springer.

51 Hartmann-Boyce, J., Johns, D. J., Jebb, S. A., Summerbell, C., Aveyard, P. (2014). Behavioural weight management review group: Behavioural weight management programmes for adults assessed by trials conducted in everyday contexts: Systematic review and meta-analysis. *Obesity Reviews*, novembro, *15*(11), 920-932.

52 Dombrowski, S. U., Knittle, K., Avenell, A., Araújo-Soares, V., Sniehotta, F. F. (2014). Long term maintenance of weight loss with non-surgical interventions in obese adults: Systematic review and meta-analyses of randomised controlled trials. *BMJ*, 14 de maio, *348*.

53 Ahern, A. L., Olson, A. D., Aston, L. M., Jebb, S. A. (2011). Weight Watchers on prescription: An observational study of weight change among adults referred to Weight Watchers by the NHS. *BMC Public Health*, 6 de junho, *11*, 434.

54 Colquitt, J. L., Pickett, K., Loveman, E., Frampton, G. K. (2014). Surgery for weight loss in adults. *Cochrane Database of Systematic Reviews*, 8 de agosto.

55 Aucott, L. S. (2008). Influences of weight loss on long-term diabetes out-comes. *Proceedings of Nutrition Society*, fevereiro, *67*(1), 54-59.

56 Blackburn, G. (1995). Effect of degree of weight loss on health benefits. *Obesity Reviews*, setembro, *3*(Supplement 2), 211s-216s.

57 Lissner, L., Odell, P. M., D'Agostino, R. B., Stokes, J., Kreger, B. E., Belanger, A. J., Brownell, K. D. (1991). Variability of body weight and health outcomes in the Framingham population. *New England Journal of Medicine*, *324*, 1839-1844.

58 Wegner, D. M. (1994). Ironic processes of mental control. *Psychological Review*, *101*, 34-52.

59 Polivy, J., Herman, C. P. (1999). Distress and eating: Why do dieters overeat? *International Journal of Eating Disorders*, *26*, 153-164.

60 Orbell, S., Verplanken, B. (2015). The strength of habit. *Health Psychology Review*, *9*(3), 311-317.

61 Lally, P., Gardner, B. (2013). Promoting habit formation. *Health Psychology Review*, (Supplement 1), S137-S158.

62 Ogden, J., Hills, L. (2008). Understanding sustained changes in behav-iour: The role of life events and the process of reinvention. *Health: An International Journal*, *12*, 419-437.

63 Epiphaniou, E., Ogden, J. (2010). Successful weight loss maintenance: From a restricted to liberated self. *International Journal of Health Psychology*, *15*, 887-896.

64 Ogden, J., Clementi, C., Aylwin, S. (2006). Having obesity surgery: A qualitative study and the paradox of control. *Psychology and Health*, *21*, 273-293.

65 Wood, K., Ogden, J. (2016). Obesity Patients' long-term experiences following obesity surgery with a focus on eating behaviour: A qualitative study. *Journal of Health Psychology*, *21*(11), 2447-2456.

66 Greaves, C., Poltawski, L., Garside, R., Briscoe, S. (2017). Understanding the challenge of weight loss maintenance: A systematic review and synthesis of qualitative research on weight loss maintenance. *Health Psychology Review*, 7 de abril, 1-19.

67 Thomas, J. G., Bond, D. S., Phelan, S., Hill, J. O., Wing, R. R. (2014). Weight-loss maintenance for 10 years in the National Weight Control Registry. *American Journal of Preventive Medicine*, janeiro, *46*(1), 17-23.

68 Bachman, J. L., Phelan, S., Wing, R. R., Raynor, H. A. (2011). Eating frequency is higher in weight loss maintainers and normal-weight individuals than in overweight individuals. *Journal of American Dietetics Association*, novembro, *111*(11), 1730-1734.

69 Bond, D. S., Phelan, S., Leahey, T. M., Hill, J. O., Wing, R. R. (2009). Weight-loss maintenance in successful weight losers: Surgical vs non-surgical methods. *International Journal of Obesity (London)*, janeiro, *33*(1), 173-180.

70 Wing, R. R., Papandonatos, G., Fava, J. L., Gorin, A. A., Phelan, S., McCaffery, J., Tate, D. F. (2008). Maintaining large weight losses: The role of behavioral and psychological factors. *Journal of Consulting and Clinical Psychology*, dezembro, *76*(6), 1015-1021.

71 Butryn, M. L., Phelan, S., Hill, J. O., Wing, R. R. (2007). Consistent self-monitoring of weight: A key component of successful weight loss maintenance. *Obesity (Silver Spring)*, dezembro, *15*(12), 3091-3096.

72 Phelan, S., Wing, R. R. (2005). Prevalence of successful weight loss. *Archives of Internal Medicine*, 14 de novembro, *165*(20), 2430.

73 Wing, R. R., Phelan, S. (2005). Long-term weight loss maintenance. *American Journal of Clinical Nutrition*, julho, *82*(Supplement 1), 222S-225S.

74 Ogden, J. (2000). The correlates of long terms weight loss: A group comparison study of obesity. *International Journal of Obesity*, *24*, 1018-1025.

75 Elfhag, K., Rössner, S. (2005). Who succeeds in maintaining weight loss? A conceptual review of factors associated with weight loss maintenance and weight regain. *Obesity Reviews*, fevereiro, *6*(1), 67--85.

76 Epiphaniou, E., Ogden, J. (2010). Evaluating the role of triggers and sustaining conditions in weight loss maintenance. *Journal of Obesity*, 1-7; 8594143 Open Access.

77 Stubbs, J., Whybrow, S., Teixeira, P., Blundell, J., Lawton, C., Westenhoefer, J. et al. (2011). Problems in identifying predictors and correlates of weight loss and maintenance: Implications for weight control therapies based on behaviour change. *Obesity Reviews*, setembro, *12*(9), 688-708.

78 Teixeira, P. J., Carraça, E. V., Marques, M. M., Rutter, H., Oppert, J. M., De Bourdeaudhuij, I. et al. (2015). Successful behavior change in obesity interventions in adults: A systematic review of self-regulation mediators. *BMC Medicine*, 16 de abril, *13*, 84.

79 Hartmann-Boyce, J., Johns, D. J., Jebb, S. A., Aveyard, P. (2014). Behavioural weight management review group: Effect of behavioural techniques and delivery mode on effectiveness of weight management: Systematic review, meta-analysis and meta-regression. *Obesity Reviews*, julho, *15*(7), 598-609.

80 NHS Choices. *Cognitive behavioural therapy*. Recuperado de: www.nhs.uk/Conditions/Cognitive-behavioural-therapy/Pages/Introduction.aspx.

81 Marlatt, G. A., Gordon, J. R. (Eds.). (1985). *Relapse Prevention: Maintenance Strategies in the Treatment of Addictive Behaviors*. Nova York: Guilford Press.

82 Leventhal, H., Benyamini, Y., Brownlee, S., Diefenbach, M., Leventhal, E. A., Patrick-Miller, L., Robitaille, C. (1997). Illness representations: Theoretical foundations. In K. J. Petrie e J. A. Weinman (Eds.), *Perceptions of Health and Illness* (pp. 1-18). Amsterdã: Harwood.

83 Carver, C. S., Scheier, M. F. (1999). Stress, coping, and self-regulatory processes. In: L. A. Pervin e J. P. Oliver (Eds.), *Handbook of Personality Theory and Research* (pp. 553-575). Nova York: Guildford Press.

84 Hagger, M. S., Luszczynska, A., de Wit, J., Benyamini, Y., Burkert, S., Chamberland, P.-E. et al. (2016). Implementation intention and planning interventions in health psychology: Recommendations from the Synergy expert group for research and practice. *Psychology & Health*, *31*(7), 814-839.

85 DiClemente, C. C., Prochaska, J. O. (1985). Processes and stages of change: Coping and competence in smoking behavior change. In F. Shiffman e T. A. Wills (Eds.), *Coping and Substance Abuse* (pp. 319-343). Nova York: Academic Press.

86 Miller, W., Rollnick, S. (2002). *Motivational Interviewing: Preparing People to Change Addictive Behaviour*. Nova York: Guilford Press.

87 Festinger, L. (1957). *A Theory of Cognitive Dissonance*. Evanston, IL: Row, Peterson.

88 Ruiter, R. A. C., Abraham, C., Kok, G. (2001). Scary warnings and rational precautions: A review of the psychology of fear appeals. *Psychology and Health*, *16*(6), 613-630.

89 Cameron, L. D. (2009). Can our health behaviour models handle imagery-based processes and communications? Keynote Article 1. *The European Health Psychologist*, *11*, 56-58.

90 Harris, P. R., Upton, T. (2009). The impact of self-affirmation on health cognition, health behaviour and other health-related

responses: A narrative review. *Social and Personality Psychology Compass*, *3*(6), 962-978.

91 Husted, M., Ogden, J. (2014). Impact of an investment based intervention on weight-loss and hedonic thoughts about food post-obesity surgery. *Journal of Obesity*, 1-8.

92 Rogers, P. J. (2016). Breakfast: How important is it really? *Public Health Nutrition*, junho, *19*(9), 1718-1719.

93 Ogden, J., Wood, C., Payne, E., Fouracre, H., Lammyman, F. (2018). 'Snack' versus 'meal': the impact of label and place on food intake. *Appetite*, *120*, 666-672.

94 Gilbert, P. (2014). The origins and nature of compassion focused therapy. *British Journal of Clinical Psychology*, março, *53*(1), 6-41.

95 Krupnick, J. L., Sotsky, S. M., Simmens, S., Moyer, J., Elkin, I., Watkins, J., Pilkonis, P. A. (1996). The role of the therapeutic alliance in psychotherapy and pharmacotherapy outcome: Findings in the National Institute of Mental Health treatment of depression collaborative research program. *Journal of Consulting and Clinical Psychology*, *64*(3), 532-539.

96 Johns, D. J., Hartmann-Boyce, J., Jebb, S. A., Aveyard, P. (2014). Behavioural weight management review group: Diet or exercise interventions vs combined behavioural weight management programs: A systematic review and meta-analysis of direct comparisons. *Journal of Academy of Nutrition and Dietetics*, outubro, *114*(10), 1557-1568.

GRÁFICA PAYM
Tel. [11] 4392-3344
paym@graficapaym.com.br